LES SANCTUAIRES ◆ ◆ ◆ ◆

DE LA SAINTE VIERGE

DANS LA VALLÉE DU LOIR

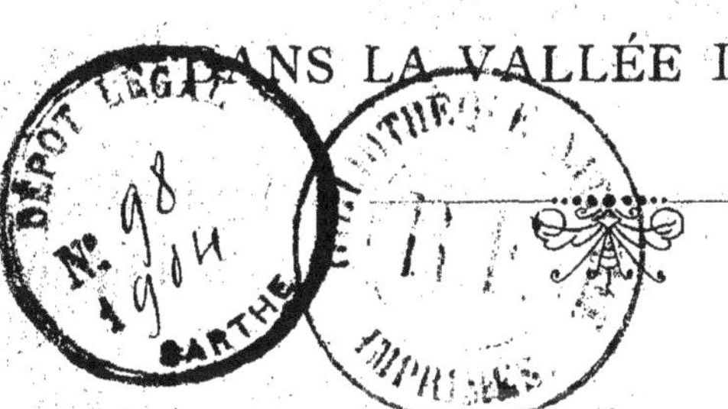

NOTRE-DAME-DES-VERTUS

A LA FLÈCHE

PAR

M. l'Abbé Paul CALENDINI

EDITION DES ANNALES FLÉCHOISES

REVUE ET AUGMENTÉE

LA FLÈCHE

Imprimerie et Lithographie Eug. BESNIER

1904

NOTRE-DAME-DES-VERTUS

A LA FLÈCHE

LES SANCTUAIRES

DE LA SAINTE VIERGE

DANS LA VALLÉE DU LOIR

NOTRE-DAME-DES-VERTUS

A LA FLÈCHE

PAR

M. l'Abbé Paul CALENDINI

EDITION DES ANNALES FLÉCHOISES

REVUE ET AUGMENTÉE

LA FLÈCHE

Imprimerie et Lithographie EUG. BESNIER.

1904

A M. le Chanoine Emile Rousseau,

Curé-Archiprêtre de La Flèche,

Je veux dédier ces pages ! Modestement glanées, çà et là, dans les traditions ou les archives, elles n'ont pas la prétention de former un ouvrage complet. Puissent-elles, du moins, faire aimer davantage encore la Reine des Vertus ! Qu'elles soient aussi un public hommage de la reconnaissance des fidèles fléchois au vénéré Pasteur, dont le zèle infatigable et le profond amour de la T. S. Vierge ont accompli des merveilles de piété et de charité en cette oasis bénie de Notre-Dame-des-Vertus.

P. C.

DÉCLARATION

Fils soumis de l'Eglise Romaine, nous déclarons ne donner à nos récits qu'une valeur historique. En relatant les usages et les traditions de notre antique pèlerinage, nous n'entendons aucunement approuver des faits ou des pratiques qui ne seraient pas conformes à la doctrine, à la discipline ou à l'esprit de l'Eglise Catholique.

ÉVÊCHÉ

DU MANS

†

Le Mans, le 8 Mai 1904.

Mon cher Abbé,

J'approuve de tout cœur votre pieuse et intéressante notice sur le béni sanctuaire de Notre-Dame-des-Vertus dont je suis moi aussi, vous le savez, le fidèle pèlerin.

Je ne puis rien ajouter aux précieuses indulgences dont il est enrichi, mais j'engage vivement les chrétiens de la ville et de la contrée à le visiter plus souvent pendant la période de notre grand Jubilé Marial.

De Marie nous est venu et nous viendra toujours le salut...

Recevez mes toutes paternelles bénédictions.

† MARIE-PROSPER,

Evêque du Mans.

CHAPELLE DE NOTRE-DAME-DES-VERTUS

LES SANCTUAIRES DE LA SAINTE VIERGE

DANS LA VALLÉE DU LOIR

A LA FLÈCHE

NOTRE-DAME-DES-VERTUS

INTRODUCTION

« Par delà le calme et beau cimetière de notre ville, séparée du champ du repos par la voie rustique qui conduit de la route à la ferme voisine, s'élève, à demi-cachée par les marronniers, les peupliers et les frênes, la petite église de Notre-Dame-des-Vertus. Elle emprunte à ce double voisinage de la mort et de la vie champêtre, je ne sais quel air de touchante simplicité et de recueillement mélancolique qui fait que l'on y va s'agenouiller avec confiance et que l'on en revient l'âme meilleure et comme reposée.

« Je l'ai vue l'autre matin sous l'éclat d'un radieux soleil de mai. Une messe basse avait attiré quelques fidèles, quelques âmes tendres et religieuses, au fond de ce petit sanctuaire où la voix d'un enfant interrompait seule, par intervalle, le monologue sublime et mystérieux du prêtre à Dieu. A cette pompe intime du Sacrifice se mêlaient sans effort, — c'est là le génie du catholicisme — les harmonies de la nature environnante ; des myriades de gouttelettes refrangeaient l'éclat du jour et semblaient s'animer de la chaleur naissante ; la brise matinale, effleurant quelques tombes, laissait voler son souffle presque insensible sous le

« porche et le portail, et apportait, jusque dans « l'intérieur sacré, le parfum des pommiers fleuris, « le murmure des feuillages nouveaux, le chant des « verdiers des haies et des rossignols des buissons.

« Il y avait de la poésie dans l'air, il y en avait « dans mon cœur. Une impression de piété, que je ne « cherche jamais à combattre, parce qu'elle aide « mon âme à respirer, vint se mêler à cette émotion « plus profane et cependant sœurs l'une de l'autre, « et je les traduisis toutes deux par l'une de ces « poétiques et bibliques appellations que je n'allai « pas chercher bien loin, car l'intelligente dévotion « des anciens propriétaires de la chapelle les a « inscrites en devises multipliées sur les premiers « lambris du plafond; puis, comme il m'est ordinaire, « une distraction vint clore ma légère pensée.

« Les femmes — c'étaient des jeunes filles et des « mères — et le prêtre s'étaient retirés ; un vieillard « qui tardait passa aussi devant moi; je restai seul et « je profitai de cette solitude, pour examiner de plus « près ce petit temple aux dehors si simples et dont « l'intérieur, grâce à des soins que j'ai compris, car « je les aime, est si élégant et si frais.

« Ami des vieilles choses, parce que le présent « n'étant qu'un point insaisissable, je suis suffisam- « ment autorisé à voir, dans chaque monument du « passé, un piédestal aux choses de l'avenir, j'exa- « minai d'abord le portail. »

Ces lignes émues, qu'écrivait en 1847 l'un de nos historiens fléchois (1), gardent encore aujourd'hui, après cinquante ans écoulés, leur impressionnante vérité. Les troubles du dehors n'ont point enlevé à l'humble chapelle son atmosphère de sérénité et de calme ; les révolutions ont passé, et passent encore

(1) *Le Sanctuaire de Notre-Dame-des-Vertus*, par M. Jules Clère, professeur au Prytanée militaire ; article-feuilleton de *l'Echo du Loir*, 12 et 19 juin 1847.

dans un perpétuel recommencement de l'histoire : seule, Notre-Dame-des-Vertus reste debout, s'affirmant ainsi la demeure sainte qui défie les siècles, le temple du Dieu-Puissant qui ne meurt point.

Il n'est pas de visiteur matinal, tel M. Jules Clère, qui ait pu résister au charme enveloppant de ce poétique paysage ; nul passant indifférent ou sceptique qui, franchissant le seuil de ce pieux sanctuaire, n'ait entendu son éloquent appel à la prière et à la foi. Aujourd'hui, comme jadis, les âmes attristées, les cœurs endoloris, qui cherchent la solitude et le repos où plus doucement coulent les larmes silencieuses, se voient subitement apaisés par le calme bienfaisant et consolateur de la chapelle des Vertus.

A l'heure où paraîtront ces pages, l'aspect habituel du sanctuaire béni aura quelque peu varié. Ce n'est plus un pèlerin solitaire, mais une foule qui prie, car voici commencée la neuvaine de Notre-Dame-des-Vertus. Le silence accoutumé est rompu, sans doute, et les louanges de Marie se modulent harmonieusement sur des airs séculaires, mais le charme des lieux n'en existe pas moins.

***

Parmi les meilleures années de ma vie sacerdotale, je compterai toujours celles, trop rapides, hélas ! où, chaque matin, je venais célébrer ici le saint Sacrifice, et, dans ma pensée, dans mes intentions, la publication de cette modeste étude ne va pas sans apporter un filial hommage de reconnaissance et d'amour à la Reine des Vertus.

Ce pèlerinage matinal d'antan, je l'ai recommencé plusieurs fois depuis lors, avec un bonheur toujours nouveau.

Tout dernièrement encore, préparant cette notice, j'ai visité en détail l'antique chapelle et j'en suis revenu avec cette pensée que peut-être bon nombre de Fléchois en ignorent les beautés ; c'est pourquoi, profitant d'un précieux concours qui s'offrait bien cordialement, j'ai demandé à la photographie, à des plumes habiles de nous les reproduire, en partie, tout au moins. Si donc j'ose découvrir aujourd'hui le résultat de mes recherches, c'est que, j'en ai la conviction, le cadre gracieux et tout fleuri, sous lequel je présente ma modeste prose, lui attirera l'entière bienveillance du lecteur.

Merci ! bien sincèrement merci aux généreux amis, aux dévoués collaborateurs des *Annales Fléchoises* (1) qui ont bien voulu apporter à l'historien le précieux appui de leur merveilleux talent ! Ils ont reproduit fidèlement ce que leurs yeux ont admiré, et contribueront ainsi pour beaucoup à révéler ce coin délicieux du pays fléchois.

Loin de moi la prétention de donner une histoire complète de Notre-Dame-des-Vertus ; j'ai voulu seulement, après avoir compulsé toutes nos archives fléchoises et angevines, faire connaître, à tous ceux qui aiment notre antique pèlerinage, les documents que j'ai trouvés. Pour les présenter, j'ai tout naturellement suivi l'ordre chronologique : ainsi constaterons-nous d'abord l'antiquité de la chapelle des Vertus, primitivement dédiée à saint Barthélémy ; ensuite nous la verrons sous son vocable actuel, pendant les XVIIe et XVIIIe siècles, jusqu'à la Révolution ; la troisième période comprendra la Révolution.

Un quatrième chapitre nous apprendra comment la chapelle et le domaine des Vertus revinrent à leur légitime propriétaire, et comment notre pieux pèlerinage, ainsi que le sanctuaire lui-même, furent également reconnus par l'autorité religieuse. Cette rela-

(1) Je suis tout particulièrement heureux de renouveler ici l'expression de ma gratitude à MM. Buquin, Ravoux, Bouchereau, pour qui l'art de la photographie et du dessin n'a plus de secrets. Le lecteur voudra bien remarquer qu'aucun de ces dessins n'est fantaisiste, et que tous ont été pris dans la chapelle elle-même.

tion embrassera toute la première moitié du XIXe siècle.

La seconde moitié sera plus spécialement étudiée au chapitre suivant, et c'est là que je montrerai le sanctuaire des Vertus de plus en plus fréquenté jusqu'à nos jours. Là, je citerai — on a compris que je ne pouvais le faire dans le cadre restreint d'une revue — les différentes œuvres qui, abritées sous les bienfaisants ombrages de ces lieux bénis, grandissent chaque jour et deviennent comme le rayonnement, le prolongement des vertus virginales et maternelles de la Reine du Ciel.

Je ne pourrai mieux clore cette étude qu'en énumérant brièvement les quelques parties remarquables du petit édifice, tant dans le mobilier que dans la décoration.

***

Lecteurs qui parcourez ces pages, modeste moisson de notes cueillies çà et là, ne pensez pas trouver une histoire artistement élaborée! Veuillez vous rappeler, surtout, ces recommandations du poète :

Qu'il n'y a livres si parfaits
Où vous ne trouviez à reprendre;
Qu'il n'en est point de si mal faits
En qui vous ne puissiez apprendre.

CHAPITRE I.

Antiquite de la Chapelle de N.-D.-des-Vertus sous le vocable de St-Barthélémy

§ I.

Saint-Barthélémy et l'époque Gallo-Romaine.

Nos lecteurs savent déjà que ce vocable « Notre-Dame-des-Vertus » ne remonte pas au delà du XVIIe siècle, et que, longtemps auparavant, notre chapelle existait sous le patronage de l'apôtre saint Barthélémy. (1) D'après M. l'abbé Coulon, la chapelle Saint-Barthélémy (Notre-Dame-des-Vertus) serait plus ancienne que Saint-Thomas et Sainte-Colombe. « Les petites fenêtres romanes, dit-il, que j'ai trouvées en restaurant la chapelle en font foi ainsi que la porte à anse de panier.

« Que cet édifice ait été primitivement un petit temple payen, rien ne l'indique. Mais il existait avant l'usage des cercueils de granit coquiller : témoin le cercueil que j'ai trouvé gisant le long du mur méridional, qui fut coupé par moitié par la fondation du mur de la chapelle que j'ai fait construire; au côté gauche de cette petite chapelle, j'ai fait entrer, comme moellons, quelques débris de ce cercueil qui indiquent la place où il était » (2).

(1) Cf. *Annales Fléchoises*, T. 1, p. 26 et *sq*.

(2) Ces notes de M. Coulon, ancien curé de cette paroisse, sont conservées aux archives de la fabrique de Saint-Thomas.

Certes, la découverte de ce cercueil n'implique nullement l'existence d'un édifice religieux de la même époque; elle apporte cependant une raison de plus à l'hypothèse exposée plus loin. Peut-être même aurait-on trouvé d'autres tombeaux, si les fouilles, au lieu d'être partielles, avaient compris tout l'enclos de Notre-Dame-des-Vertus? Je dois avouer, au reste, que j'ai cherché partout ces moellons indiqués comme débris de cercueil, et ne les ai pas retrouvés.

De son côté, M. de Montzey (1) ne repousse pas complètement l'opinion qui veut faire de Saint-Barthélémy un ancien temple romain. La découverte de poteries gallo-romaines, de tombeaux à auges, en tous ces parages (2), donne de l'autorité à cette opinion, car elle affirme l'existence, à La Flèche même, d'un centre gallo-romain assez important.

Luché (3) et Cré (4) étaient, on ne l'ignore pas, des stations gallo-romaines reliées entre elles par le Loir d'abord, et par la voie de César ensuite, voie, qui conduisait du Mans à Angers, et devait, d'après l'opinion la plus commune, passer au Gué-de-Verron (5). Or, à quiconque connaît la topographie de ces lieux, il ne paraîtra pas étrange de voir en Saint-Barthé-

(1) Montzey. — *Histoire de La Flèche et de ses Seigneurs*, I. 4. 5.

(2) Les fouilles les plus fructueuses eurent lieu dans le jardin appartenant aujourd'hui à Madame de Lignac, entre la rue Saint-Jacques et le Boulevard Latouche, le long de la rue de la Brasserie.

(3) Luché (Luppiacus) a été évangélisé par saint Turibe, évêque du Mans, à la fin du IIe siècle ; c'est lui-même qui consacra sa nouvelle église. — *Actes des évêques du Mans*, édition de la Société des Archives Historiques du Maine (1901), p. 41.

(4) Sur l'existence de la station gallo-romaine de Cré-sur-Loir, il faut lire la savante monographie que M. S. de la Bouillerie a faite de cette commune. Mamers, Fleury et Dangin (1891). Saint Romain serait venu évangéliser cette paroisse au IVe siècle.

(5) Ce gué, qui porte encore le même nom aujourd'hui, se trouve en aval de notre ville, et immédiatement au delà du pont du chemin de fer.

lémy l'ancien temple d'une station gallo-romaine traversée par la route de Luché à Cré-sur-Loir.

Sans doute, plus tard, les besoins des temps forcèrent les villes et villages à se garder des surprises de la guerre ; on se fortifia ; les camps retranchés des Romains, tel celui de Cré (1), ne parurent plus suffisants, et on chercha dans le Loir un appui tout naturel. De là, nos seigneurs fléchois en vinrent à bâtir, au pont des Carmes actuel, cette forteresse, jusqu'au XVe siècle réputée inexpugnable. Dès lors le centre de la population se déplaça. La chapelle de Notre-Dame-du-Chef-du-Pont, que Jean de La Flèche éleva dans son château, attira de bonne heure la foule des pèlerins, et Saint-Thomas, bâti par Hélie, fils de Jean, rassembla à l'ombre de sa tour romane la majorité des habitants.

Toutefois, malgré cet exode de ses paroissiens, Saint-Barthélémy subsistait toujours.

§ II.

Origine romane de Saint-Barthélémy. Son Portail.

Si l'opinion que je viens de présenter ne paraît pas admissible, à savoir que notre chapelle faisait primitivement partie d'une station romaine, dont l'importance diminua peu à peu avec l'émigration de la population vers l'église Saint-Thomas, ou vers le château et sa chapelle ; si même on ne peut affirmer avec certitude, comme le voudrait M. l'abbé Coulon (2), qu'elle soit plus ancienne que N.-D.-du-Chef-du-Pont et Saint-Thomas, il est, du moins, impossible de nier et de ne pas voir les marques de son origine romane.

Sans parler des fenêtres de la nef, à la vérité retouchées lors de la restauration par M. Coulon, le

(1) Cf. Baron S. de la Bouillerie, Cré-sur-Loir, p. 8 et *sq*.

(2) Cf. Notes citées plus haut. — Archives de la fabrique de Saint-Thomas.

portail lui-même ne garde-t-il pas le cachet de son époque? Je n'en saurais donner plus exacte description que M. Clère (1) :

« J'examinai d'abord le portail, dont le cintre, légèrement surbaissé, nous offre certainement un reste de l'architecture romane qui a perdu la pureté classique de la courbe latine et n'a pas encore trouvé l'inspiration spiritualiste de l'ogive. Ce portail, par la simplicité de deux colonnes basses et au tiers engagées qui l'accompagnent, le peu de grâce des chapiteaux ou quelques feuilles roides et presque informes recouvrent à peine la nudité du cône primitif, la grosseur de l'archivolte qui se courbe lourdement d'une imposte sur l'autre, et partout cet air d'ensemble sévère, qui semble accuser la vieillesse ou l'enfance robuste de l'art, ce portail, dis-je, peut bien être du XIe siècle et il a dû précéder cette époque glorieuse et nationale des anciennes Annales Fléchoises, que fit briller autrefois le génie du comte Hélie, et qui, après plusieurs siècles d'obscurité et de désastres publics, ne retrouve son pendant que sous Henri IV. »

M. Clère n'a oublié qu'une chose, bien importante cependant, puisqu'elle précise l'époque du portail, c'est de signaler à la base de chacune des colonnes, la griffe ou patte placée au seul angle saillant de la plinthe. En effet, « ce qui caractérise le mieux la base du XIIe siècle est une sorte d'appendice décoratif, de formes très diverses, placé aux quatre angles de la plinthe et servant à recouvrir la surface horizontale restée vide entre les côtés des angles de la plinthe et le tore inférieur. Cet appendice s'appelle griffe ou patte » (2).

Ces griffes sont très visibles et bien dessinées à

(1) Article de l'*Echo du Loir* déjà cité.

(2) Cours d'Archéologie religieuse par l'abbé Mallet, I, 189.

Saint-Thomas, aux quatre piliers de la tour ; on y reconnaît facilement des feuilles, mais ici ce n'est qu'un appendice informe dont le dessin n'a réclamé aucune inspiration.

La griffe de la colonne de droite a du reste été mutilée, mais on en voit parfaitement l'emplacement.

Il reste donc bien prouvé que Saint-Barthélémy, que la chapelle actuelle de Notre-Dame-des-Vertus, date du XIe siècle ou tout au moins du XIIe, et on peut vraiment dire que cet édifice, depuis près de dix siècles, est l'édifice de la prière, que, depuis plus de neuf cents ans, les Fléchois ont passé sous le même portail et sont venus s'agenouiller devant le saint autel.

§ III.

Saint-Barthélémy église paroissiale (1368-1405).
Etablissement du Cimetière (1480).
Saint-Barthélémy dépend du prieuré de Saint-Thomas (1507).

Ceux qui nous font l'honneur de lire les *Annales Fléchoises* (1) savent déjà que Saint-Barthélémy fut autrefois église paroissiale ; on trouve en effet des actes où il est question des paroissiens de Saint-Barthélémy, en 1368 et 1405.

Sans doute, était-ce surtout l'église de cette partie de la campagne fléchoise qui regarde Bazouges et Verron ; cependant la ville elle-même la fréquentait

(1) *Annales Fléchoises* loc. cit.

toujours beaucoup. Le choix que l'on fit, à la fin du XVe siècle, (1480) (1) de l'emplacement du cimetière actuel me paraît inspiré par le voisinage de ce sanctuaire déjà aimé et connu des fidèles. La ville n'était pas si étendue à cette époque, — sa population ne dépassait guère 3.000 âmes — que l'on n'ait pas eu le choix de plusieurs autres emplacements ; on préféra Saint-Barthélémy, parce que l'on pouvait ainsi y prier plus paisiblement pour les défunts et tout près d'eux ; dès ce moment le cimetière dut servir comme aujourd'hui de lieu de passage pour les fidèles se rendant à notre chapelle.

Depuis plus de quatre cents ans les morts de notre cité reposent donc auprès du Dieu du Tabernacle, mais depuis deux siècles, pieuse et touchante pensée, on les a mis sous la garde de la Mère de Miséricorde, sous la protection de la Reine des Vertus. C'est ce qu'expriment tous les cantiques à Notre-Dame-des-Vertus.

> Là-bas, dans la funèbre enceinte
> Sous les gazons de fleurs semés,
> Reposent dans la terre sainte
> Tous nos pauvres morts bien aimés.
> Amis que nul bruit ne réveille,
> Pour qui le temps n'a plus de cours,
> Dormez, dormez !... Sur vous la Vierge veille
> Et veillera jusqu'au dernier des jours !

L'église Saint-Barthélémy fut de très bonne heure réunie comme bénéfice au prieuré de Saint-Thomas, et on la trouve mentionnée dans presque tous les aveux aux ducs d'Alençon, seigneurs de La Flèche : c'est ainsi qu'en 1507, Simon, prieur de Saint-Thomas, rend aveu pour « la chapelle, domaine et métairie de Saint-Barthélémy ».

Dès cette époque, on le voit, et peut-être longtemps

(1) Archives de la fabrique de Saint-Thomas. – Registre manuscrit.

auparavant, notre chapelle possédait son domaine, sa ferme, son entourage actuel.

En tous cas, depuis lors, elle ne fut plus que ce qu'elle est aujourd'hui, une chapelle de secours de Saint-Thomas.

§ IV.

Etat de la Chapelle Saint-Barthélémy en 1644.

Jusqu'à la moitié du XVIIe siècle, Saint-Barthélémy conserva le vocable du grand apôtre. Je lis, en effet, dans les notes de M. Haton de La Goupillère, (1) la copie d'un état des lieux de ladite chapelle en 1644. Je n'ai pu retrouver nulle part l'original de cette copie ; elle n'en reste pas moins précieuse, puisqu'elle nous montre exactement ce qu'était Saint-Barthélémy peu de temps avant de devenir la chapelle de Notre-Dame-des-Vertus.

« Du quinziesme fevrier, mil six cent quarante quatre.

Sur ce quy nous a esté représenté par M. Jacques Deniau, Conseiller et Advocat du Roy a ce siege présidial et par le Procureur du roi de Sa Majesté que la chapelle de Saint-Barthélémy est tellement en ruisnes que s'il n'y est promptement remëdié elle est en danger de tomber en bref et ne pouvoir en auculne façon reparer. Requerant y estre par nous pourveu et que ayons a nous y transporter pour dresser proces verbal de l'estat dicelle en présence et sur rapport d'experts. Nous faisant droit, nous sommes en présence dudit advocat du Roy et en l'assistance de Me Nicollas de la Fosse, commis ordinaire de nostre greffier, transportez de nostre demeure à ladite chapelle Saint-Barthé-

(1) Les notes de M. de La Goupillère m'ont été bien précieuses pour la rédaction de cette notice, et je suis heureux d'exprimer ici de nouveau ma reconnaissance à Mme de La Goupillère, qui m'en a si aimablement abandonné la propriété.

lemy, située proche le grand cimetière de Saint-Thomas de ceste ville, ou estant, avons mandé et faict venir chascuns de Guillaume Le Gué, maistre masson, et Thomas Bellesme, cherpentier demeurants en ceste ville, ausquelz avons enjoinctz voir et visiter ladite Chapelle et nous faire fidele rapport de l'estat dicelle et a ceste fin avons deux pris et receu le serment en tel cas requis et accoustumé.

Et après avoir lesdits experts veu et visité ladite Chapelle nous ont dict estre aagez, scavoir, ledit Le Gué de soixante ans et ledit Bellesme de quarante cinq ans et le serment d'eux réitérer ont dict concordamment que ladite Chapelle contient cinquante cinq pieds de longueur, de dedans en dedans, et seize pieds de largeur aussy de dedans en dedans, et de hauteur de muraille seize pieds huict pouces et demy, que le pan de muraille du costé du cimetière penche de seize poulces et demy du costé dudit cimetière, sur sa haulteur et qu'il y a une fente quy faict une séparation du chœur de ladite Chapelle d'avec la Nef. Et le pan de muraille de l'aultre costé penche aussi sur sa haulteur de neuf poulces et demy. Et pour le regard de la cherpente quelle est de peu de valleur, que les sabliers ne se joignent les uns avecq les aultres et qu'elle n'a esté faicte que de vieil bois et en forme de grange et que s'il n'est promptement remedié à la reffection de ladite chapelle, elle menace ruisne et est en estat de tomber, et sy elle tomboit, ladite charpante et couverture d'ardoise seroit entierement perdue, quoy que ce soict ne pourroit auculnement servir à ladite Chapelle et que pour refaire lesdits deux pans de muraille avecq les vitraux de chaque costé il appartient du moings la somme de dix livres par chascune toize a faire et fournir en se servant des vieux materiaux. Et eu legard de ladite cherpente et couverture qu'il faut la somme de *(laissé en blanc sur la minute)* a faire et fournir de toutes matières et se servir des vieilles et ne le voudroient faire a moings. Auxquelz experts avons faict lecture de leur rapport cy dessus. Ont dict iceluy contenir verité et ont signé.

Guillaume Le Guel.

Thomas Bellesme.

Dont et de ce que dessus et du rapport desdits expertz avons audit advocat du Roy decerné acte pour servir et valloir ce que de raison.

Faict sur les lieux par nous juge susdit, lesdit jours et ont signé R. de Moré, Denyau. »

On voit, par ce procès-verbal, que l'état matériel de Saint-Barthélémy n'était pas brillant, en 1644, et c'est précisément ce délabrement qui va attirer la généreuse attention des Jésuites du Collège royal.

Ils relèveront d'abord le temporel, mais ce ne sera qu'un acheminement vers le relèvement spirituel de l'antique sanctuaire, et je crois pouvoir répéter (1) qu'étant devenu d'église paroissiale simple chapelle de secours, « ce véneré sanctuaire était ainsi, de par « les desseins de la Providence, tout préparé pour « être placé, au cours du XVIIe siècle, sous le vocable « nouveau que nous lui connaissons aujourd'hui : « Notre-Dame-des-Vertus. »

(1) Cf. *Annales Fléchoises*, t. I, p. 29.

CHŒUR

DE NOTRE-DAME-DES-VERTUS

D'APRÈS UNE PHOTOGRAPHIE DE M. BOUCHEREAU.

CHAPITRE II.

Notre-Dame-des-Vertus jusqu'à la Révolution.

§ I.

Dévotion des Fléchois envers Marie.

Tout visiteur qui traverse les rues de notre ville est étonné de la grande quantité de statuettes de la Vierge qui ornent les maisons. C'est là une preuve indéniable de la popularité du culte de Marie.

Parmi ces statuettes il en est fort peu qui soient réellement anciennes, mais, si ces saintes images n'ont pas été respectées par le temps et les Révolutions, leur emplacement, du moins, a toujours été fidèlement gardé. Telle la niche que l'on peut voir au numéro 53 de la rue Carnot, ancien couvent des Religieuses Franciscaines; telle la niche de la rue des Capucins, dont une inscription latine, au-dessus de la porte du petit Saint-François, rappelle l'origine : un débordement du Loir en 1665.

« La ville de La Flèche, nous dit l'auteur de Notre-Dame-de-France, (1) doit son origine, son accroissement et tout ce qu'elle est à la Mère de Dieu. » C'est, en effet, autour du château de La Flèche, auprès de sa chapelle dédiée à Notre-Dame-du-Chef-du-Pont, que se forma le noyau de la cité fléchoise. Le culte public, la dévotion officielle, pourrais-je

(1) *Notre-Dame-de-France*, ou *Histoire du Culte de la Sainte-Vierge en France*, par M. le Curé de Saint-Sulpice. Paris, Plon, 1864. — T. IV, p. 319.

dire, des Fléchois envers la Mère de Dieu est aussi vieille que le culte de Notre-Dame-du-Chef-du-Pont, et cette dévotion ne fit que grandir à travers les âges.

Ainsi, en 1509, Simon Bouré, prêtre de Sainte-Colombe, fonde à l'autel Sainte-Anne, en Saint-Thomas, une chapellenie en l'honneur de Notre-Dame-du-Chef-du-Pont (1).

En 1538, M. Le Royer fonde par testament deux chapellenies en Saint-Thomas : « La première à l'autel Notre-Dame de Monsieur Saint Thomas ; la deuxième en la chapelle de Monsieur Saint Claude, laquelle se nommera désormais la chapelle de Notre-Dame-de-Pitié ». Il veut de plus être inhumé devant l'autel Notre-Dame, « dans la fosse en laquelle ses père et mère sont inhumés » (2).

De même M. Jouye des Roches (1624), qui donna nos belles tapisseries, et M. de la Morinais, un peu plus tard, veulent être inhumés le plus près possible de l'autel de Notre-Dame.

« Cet autel de Notre-Dame était spécialement cher aux fidèles de La Flèche, sous le titre de Notre-Dame-des-Agonisants ou de la Bonne-Mort ; et en 1650, ils y établirent sous ce vocable une confrérie avec des règlements qui en révèlent l'excellent esprit. Les confrères s'engageaient à accompagner le Saint Sacrement chez les malades, ou, en cas d'empêchement à réciter pour eux, à genoux, un *Pater* et un *Ave*, à loger les pèlerins, à réconcilier les ennemis, à instruire les ignorants, et à ne négliger aucun moyen de procurer une sainte mort à tous les membres de la pieuse association. » (3)

Ce n'est pas seulement à Saint-Thomas que Béné-

(1) Montzey, Histoire de La Flèche. II-287. Archives de la Sarthe, H. 284.

(2) N.-D.-de-France, IV-382. Arch. de la Fabrique, registre échappé à l'autodafé des Vendéens (1793).

(3) N.-D. de France, IV, 382.

dictins et prêtres séculiers s'efforçaient de développer le culte de la Vierge Marie, les Carmes étaient, eux aussi, de fervents propagateurs de ce culte. Etablis en 1230, à La Flèche, par saint Louis, ces religieux quittèrent leur premier monastère de la rue des Vieux-Carmes, aujourd'hui du Rempart (1), et obtinrent de Louis XIII les restes de l'ancien château avec la chapelle de Notre-Dame-du-Chef-du-Pont. Nous verrons ailleurs quelle renommée ils surent donner à cette chapelle.

Deux autres communautés vinrent, à l'aurore du XVIIe siècle, édifier notre cité par le noble exemple des plus belles vertus pratiquées à l'imitation et sous la protection de la Mère de Dieu.

En 1622, Jacquette Chesnel est envoyée par la Bienheureuse Jeanne de Lestonnac, fondatrice des Filles de Notre-Dame, établir à La Flèche un couvent de cet ordre. « Ce fut là comme un foyer d'amour à l'égard de la Mère de Dieu, et la rue où étaient placées ces religieuses fut appelée la rue de l'*Ave* (2), de l'inscription *Ave Maria*, qui se lisait au piédestal de la Vierge, placée à l'entrée de l'ancien monastère » (3).

En 1633, ce furent les filles de Saint-François-de-Sales et de Sainte-Chantal qui élevèrent à leur tour une chapelle à la Vierge, et c'est ce couvent de la Visitation qu'occupent, depuis 1804, les Sœurs hospitalières de Saint-Joseph.

« Enfin, à l'extrémité de la rue du Faubourg-du-Parc, était Notre-Dame-de-la-Bonde, ainsi appelée de la bonde ou écluse établie sur le ruisseau près de la petite chapelle. Cet oratoire était autrefois en grande vénération parmi les âmes pieuses ; et, longues années encore après sa destruction, elles aimaient à saluer

(1) Ils occupaient les bâtiments habités aujourd'hui par M. de Montfort.

(2) C'est aujourd'hui la rue de l'Hôtel-de-Ville.

(3) Notre-Dame-de-France, IV-386.

Marie par une dévote prière devant la statue placée à l'angle d'un mur de jardin, là où était l'ancienne chapelle » (1).

§ II.

Les Jésuites du Collège royal et le Culte de la Sainte Vierge. Notre-Dame-de-Montaigu.

« Au commencement du dix-septième siècle, le culte de Marie, déjà si en honneur à La Flèche, reçut un nouveau et puissant renfort par l'arrivée des Jésuites au collège de cette ville. Henri IV les y établit lui-même et leur fit don d'une statuette de la Vierge, haute d'environ dix pouces, portant son enfant sur le bras gauche et un sceptre dans la main droite; sa figure, comme celle du Divin Enfant, était peinte, ses cheveux dorés, et quelques étoiles, également dorées, semblaient étinceler sur les draperies. Un cortège, long de deux kilomètres, composé du clergé séculier et régulier, de toute l'édilité en grande cérémonie, vint recevoir en pompe le présent royal et conduire solennellement la sainte image à l'église des Jésuites » (2).

M. de Montzey, qui parle aussi de cette statue, l'appelle Notre-Dame-de-Montaigu (3). « Sauvé du désastre au moment de la Révolution, dit-il, cet objet, précieux par les souvenirs qu'il rappelle, est maintenant placé dans l'église paroissiale de Saint-Thomas. » M. de Montzey a certainement été induit en erreur à ce sujet, car Saint-Thomas ne possède que deux statues remarquables : la petite statuette de Notre-Dame-du-Chef-du-Pont et la moyenne statue en terre cuite, adossée à un pilier proche la table de communion du maître-autel, du côté de l'Evangile.

1) Notre-Dame-de-France, IV-387. Cette chapelle devait être, je crois, en face le pignon des écuries du Prytanée.

(2) Notre-Dame-de-France, IV-384.

(3) Histoire de La Flèche, II, 284.

Or, sur la première, il ne peut y avoir de doute : elle est en pierre dure, grossièrement sculptée; l'auteur a donné à la Vierge cette position que l'on retrouve dans la statuaire de Marie, aux XIIIe et XIVe siècles; Notre-Dame-du-Chef-du-Pont tient l'enfant Dieu sur le bras gauche et l'appuie sur la hanche gauche visiblement portée en avant. C'est bien la statue vénérée par saint Louis.

Quant à la seconde, magnifique terre cuite de la fin du XVIe ou du commencement du XVIIe siècle, elle ne répond pas, quant à la dimension, aux données des auteurs précités, puisqu'elle a 80 à 90 centimètres de hauteur.

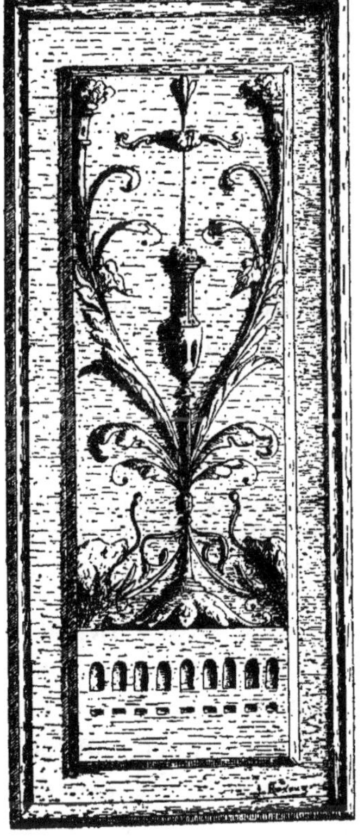

Mais, à les lire, il m'est venu des craintes bien fondées. L'un, M. de Montzey, s'est certainement inspiré de l'autre, et a pu involontairement reproduire son erreur.

Ni à Saint-Louis du Prytanée, ni à Sainte-Colombe, ni à Saint-Thomas, on n'a connaissance de la statue de « dix pouces », décrite plus haut; de même en aucune de nos archives, je ne rencontre de documents venant confirmer les dires de nos deux auteurs; j'incline donc à croire que leurs descriptions s'appuient sur de faux renseignements ou des traditions altérées par le temps, et que notre statue en terre cuite, de Saint-Thomas, pourrait fort bien être la statue de Notre-Dame-de-

Montaigu, donnée par Henri IV. Sauf la dimension, elle réunit presque tous les autres caractères décrits, et, à la bien considérer, on la trouve réellement digne de constituer un présent royal.

***

Que l'on veuille bien me pardonner cette digression très utile, puisqu'elle m'a permis de préciser un point obscur.

Je reviens aux Jésuites et à Notre-Dame-des-Vertus.

« Jaloux de faire honorer dignement la Vierge, dont Henri IV venait de leur donner la statue, les Jésuites formèrent quatre congrégations : l'une dite de la Conception de la Sainte Vierge, pour les écoliers externes, l'autre, de son Assomption, pour les internes, la troisième, de sa Purification, pour les notables de la ville, et, la quatrième, de sa Nativité, pour les ouvriers, artisans ou marchands, et les fils de saint Ignace, embrassant ainsi toutes les classes et toutes les conditions, accrurent dans la société l'amour de la Mère de Dieu, avec toutes les vertus qui l'accompagnent toujours. »

§ III.

Les Jésuites placent à Saint-Barthélémy la statue de Notre-Dame-des-Vertus. — L'écolier Guillaume Ruffin, 1674.

« Les Jésuites ne se contentèrent pas de réunir dans leur chapelle les quatre congrégations qu'ils avaient fondées.

« Voyant avec douleur l'oratoire de Saint-Barthélémy presque délaissé et sans honneur », ils obtinrent sans doute du prieur de Saint-Thomas permission de le transformer ; à quelle époque exactement ? Je ne saurais le préciser, mais ce fut certainement bien avant 1674 comme on va le voir tout à l'heure.

Immédiatement, ils agrandirent le petit édifice. C'est à eux que nous devons tout au moins l'abside des deux chapelles latérales, et la petite sacristie qui s'ouvre dans le transept droit. Ils pourvurent cette sacristie « de tout le mobilier convenable » et enfin « firent orner le plafond de la nef d'un lambris peint à l'huile, alors d'un riche et gracieux effet » (1) ; nous le retrouverons plus loin.

Dans ce sanctuaire ainsi agrandi, embelli, les Jésuites placèrent une statue de la Vierge, en bois argenté, qu'ils appelèrent Notre-Dame-des-Vertus.

L'auteur de Notre-Dame-de-France semble croire que dès ce moment on comprit, sous la même appellation, la statue et la chapelle qui la renfermait.

Un aveu de 1690 me prouve le contraire (2). M. Henry d'Arnoye de Poussan, prieur commendataire de Saint-Thomas, y fait encore à Louis XIV la déclaration féodale de la chapelle Saint-Barthélemy.

Peu à peu cependant, vers la fin même du XVIIe siècle, tout probablement, la chapelle dut perdre son ancien nom pour prendre définitivement celui de la statue elle-même.

Quoi qu'il en soit, le nouveau pèlerinage à la Sainte Vierge, institué pour la jeunesse du collège royal, devint bientôt son sanctuaire de prédilection. « On y accourait en foule et on s'en retournait meilleur, témoin l'angélique jeune homme Guillaume Ruffin de la Girardière, de Laval, mort à dix-sept ans et demi en 1674, dont le biographe, le chevalier Delisseux, nous raconte qu'à l'amour pour Jésus-Christ, il joignait envers Marie une tendresse toute filiale, il multipliait en toute occasion ses hommages à Celle qu'il appelait sa bonne Mère. Il ne laissait passer aucun jour sans la prier, il n'entendait jamais pro-

(1) Notre-Dame-de-France, II-385.

(2) Archives de la Sarthe, H-284.

noncer son nom sans donner une marque extérieure de respect, il saluait ses images partout où il les rencontrait, il se préparait à ses fêtes par quelques actes de charité ou de mortification et par la réception des Sacrements. Les chapelles de Marie étaient son asile de prédilection, il tâchait de faire chaque jour un pèlerinage à Notre-Dame-des-Vertus » (1). Les Fléchois peuvent lire à Saint-Thomas l'inscription refaite sur son tombeau, pour remplacer l'ancienne citée par M. l'abbé Angot dans son dictionnaire de la Mayenne.

Les Jésuites, restaurant la chapelle, durent faire exécuter en même temps le porche tel que nous le voyons encore aujourd'hui, et le dessin que nous en donnons ici est parfait d'exactitude (2). Ce porche, quoique masquant fâcheusement le portail, contribue beaucoup à conserver à Notre-Dame-des-Vertus son cachet spécial très agreste et très champêtre.

§ IV.

Origine du vocable de Notre-Dame-des-Vertus. Sanctuaires similaires.

D'où vient ce vocable Notre-Dame-des-Vertus, que tout Fléchois connaît et vénère aujourd'hui ? Il est certain tout d'abord qu'on ne le rencontre nulle part à La Flèche avant l'arrivée des Jésuites. Ceux donc qui veulent voir dans ce nom une origine romaine, *virtus, courage*, se trompent étrangement. Pour les raisons dites plus haut, ce sanctuaire peut avoir été primitivement le temple d'une station romaine, mais dans tous les actes connus depuis son origine, il n'est question que de Saint-Barthélémy, jamais on ne voit rappeler, par le nom de *Vertus*, un ancien temple qui aurait été élevé en l'honneur du Courage.

(1) Notre-Dame-de-France, IV-385.

(2) Cf. p. 6 et 10.

Je crois l'origine de ce vocable bien plus simple. Le collège des Jésuites, dix ans à peine après sa fondation, comptait plus de 1.500 élèves; 800 seulement étaient internes et les autres logaient en ville chez les habitants, dont l'histoire a conservé les noms. Ce grand nombre d'étudiants, de tous pays, devait nécessairement, quelquefois, occasionner des troubles de tous genres, on pouvait craindre même pour les bonnes mœurs. Afin de préserver les jeunes gens qu'on leur confiait, les Jésuites les mirent sous la protection de la Vierge dont les admirables vertus leur furent proposées en imitation ; dès ce moment commença sous la direction du clergé de Saint-Thomas, ce pèlerinage qui depuis lors n'a jamais cessé.

Du reste, cette appellation, nouvelle à La Flèche, ne l'était pas pour tout pays, et les Jésuites connaissaient certainement le sanctuaire de Notre-Dame-des-Vertus à Aubervilliers, près Paris, puisqu'ils établirent, à Saint-Barthélémy, les mêmes fêtes qu'à Aubervilliers, c'est-à-dire la neuvaine telle que nous la célébrons encore, avec les mêmes cérémonies, et vers la même époque. Ce pèlerinage d'Aubervilliers doit son origine, on le sait, à une image miraculeuse de la Sainte Vierge, qui y attira un concours extraordinaire dès 1338; le Moyen Age, dans son admiration des miracles opérés par la Vierge, l'appela Notre-Dame-des-Vertus, car *virtutes*, dans le langage scriptural, signifie *miracles*. Les Jésuites, confiants dans la puissance et la miséricorde de Marie, crurent à leur

tour, qu'elle multiplierait les miracles pour conserver la foi de ses enfants. Cette confiance est la nôtre encore aujourd'hui, et Notre-Dame-des-Vertus, qui a gardé la foi des Fléchois, saura toujours prolonger le miracle en nous préservant au milieu de tous dangers.

Sans aller aussi loin, on rencontre au pays fléchois, deux chapelles dédiées à Notre-Dame-des-Vertus et les Jésuites les devaient bien connaître.

Le Lude avait, avant la Révolution, un sanctuaire consacré à Notre-Dame-des-Vertus. Cette chapelle, située sur la place du Mail, et aujourd'hui bien malheureusement convertie en grange, fut bâtie au temps des Croisades par deux chevaliers et deux écuyers rentrant de Terre-Sainte, qui aimaient à saluer de ce nom la Sainte Vierge, soit pour s'exciter à l'imitation de ses vertus, soit pour ranimer leur confiance par le souvenir des miracles qu'opère l'intercession de Marie.

« Dès la construction achevée, Notre-Dame-des-Ver-
« tus fut, comme elle l'a toujours été depuis, en vé-
« nération toute spéciale parmi les habitants du Lude
« et des paroisses voisines. Le comte du Lude, grand
« maître de l'artillerie de France, y fonda à perpé-
« tuité, en 1630, le chant des Litanies de la Sainte
« Vierge; tous les soirs, à 7 heures, le peuple du
« Lude non seulement y assistait avec exactitude,
« mais y restait souvent en prières jusqu'à dix ou
« onze heures. Tous les ans, beaucoup de paroisses
« voisines y venaient en procession; on y faisait des
« prières pour toutes sortes de maladies, et la quan-
« tité des ex-voto appendus aux murailles attestait
« le grand nombre de miracles qu'on y avait obte-
« nus » (1).

A Crosmières (2), à l'extrémité du bourg, existe aussi une gracieuse petite chapelle dédiée à Notre-

(1) Notre-Dame de France, IV-388.

(2) Canton de La Flèche.

Dame-des-Vertus. « On dit qu'elle fut construite pour abréger une procession mensuelle faite par vœu à Notre-Dame-des-Vertus de La Flèche » (1).

Nos lecteurs trouveront plus amples détails dans l'intéressante monographie de Crosmières, par M. S. de la Bouillerie, à la famille duquel on doit la restauration récente de cette chapelle, dans le genre du XVe siècle.

Si nous passons au diocèse d'Angers, nous trouvons, à Coron(2), Notre-Dame-des-Vertus, qui, « avant 1793, servait à un hospice et une école, détruits l'un et l'autre, et qui, aujourd'hui, est un lieu de pèlerinage où beaucoup de personnes affirment avoir reçu des grâces particulières. Le curé actuel de la paroisse déclare y avoir dit la messe une fois pour demander la guérison d'une jeune personne désespérée des médecins; une autre fois pour solliciter la cessation d'une sècheresse qui menaçait toutes les moissons, et, dans ces deux circonstances, sa prière fut aussitôt exaucée (1). »

Le diocèse de Laval a aussi son sanctuaire à Notre-Dame-des-Vertus : c'est à Chatelain, canton de Saint-Denis-d'Anjou, où les habitants vont avec pleine confiance recommander leurs malades (3).

La ville de Morlaix, du diocèse de Quimper, avait, près de l'église paroissiale, la dévote chapelle de Notre-Dame-des-Vertus, fondée en 1445, au-dessous de laquelle était une crypte du Saint-Sépulcre, objet de la vénération populaire (4).

Le diocèse de Saint-Brieuc gardait aussi un culte spécial à Notre-Dame-des-Vertus, à laquelle les seineurs de Beaumanoir de Lavardin avaient élevé une chapelle dans le couvent des Cordeliers de Dinan (5).

(1) *Recherches sur les pèlerinages manceaux*, p. 98.

(2) Notre-Dame-de-France, IV-254.

(3) Notre-Dame-de-France, IV-341.

(4) Notre-Dame-de-France, IV-489.

(5) Manuscrit de Marcilly sur la famille de Beaumanoir de Lavardin, copie de 1644, p. 15 et 16.

Enfin, il n'est pas jusqu'aux seigneurs de La Flèche qui n'aient voulu manifester leur attachement à ce culte, car je crois que la pensée de *Notre-Dame-des-Vertus* guidait Claude Fouquet, marquis de la Varenne, lorsqu'il fit exécuter « huit pièces de tapisserye de haute lisse à personnages *représentant les vertus*, faisant dix-neuf aunes et demye de tour sur trois aunes de hauteur » (1). Ces tapisseries, disparues aujourd'hui, ou du moins en partie, car il est permis de reconnaître deux d'entre elles dans les tapisseries conservées à Saint-Thomas, étaient renfermées dans « une grande salle appelée la salle des Vertus ».

Jusqu'à plus ample information, en effet, je ne puis voir en cette dénomination l'intention de rappeler le souvenir de Catherine Fouquet, fille de Guillaume Fouquet, le bienfaiteur de notre cité. Catherine avait épousé le comte de Vertus, et les archives fléchoises ne nous la présentent pas comme la personnification de la sagesse.

§ V.

Notre-Dame-des-Vertus au XVIIIe siècle.

Chapelle de secours de Saint-Thomas. — Différents exercices du culte. — Départ des Jésuites en 1763. — Les trois statues de Notre-Dame-des-Vertus. — Reconnaissance officielle du culte.

Quelle que soit l'origine du culte de Notre-Dame-des-Vertus, on sait toujours avec certitude que, dès son apparition, il fut bien accueilli des Fléchois, car, avec la jeunesse, accourait en foule le peuple des fidèles.

Au commencement du XVIIIe siècle, le service paroissial y fut complètement organisé par le clergé de Saint-Thomas, qui y venait, au gré des fidèles,

(1) Archives *Fouquet-La Varenne-Choiseul-Praslin*. Inventaire du château après la mort de Claude, en avril 1699.

célébrer les mariages ou faire les sépultures. Pour ne pas fatiguer le lecteur, je ne citerai que l'acte de mariage suivant, du 2 juillet 1716 :

« Le neufième jour de juillet mil sept cent-seize a esté célébré en la chapelle de Notre-Dame-des-Vertus, dépendant de cette paroisse, le mariage de chaquns maistre Florimond Havard, seigneur de la Goupillerie, fils de deffunct Me Florimont Havard et de damoiselle Michelle Patoit et veuf de deffuncte damoiselle Renée Gasnier, de la paroisse de Clermont, d'une part, et damoiselle Anne Leproust de Boissé, fille de deffunct M. Pierre Leproust, seigneur de Boissé, vivant avocat au siège présidial de cette ville, et de deffuncte damoiselle Urbaine Chantelou, ses père et mère, d'autre part, de cette paroisse. Nous Me Jean Chantelou, prestre habitué et chantre en l'église de Saint-Thomas de La Flèche soussigné, leur ai donné la bénédiction nuptiale par vertu de dispense, etc... » (1).

Ceux qui aimaient pendant leur vie à venir chercher force et courage auprès de la Reine des Vertus, demandaient souvent comme suprême faveur, de dormir auprès d'elle leur dernier sommeil, soit

(1) Archives de l'Hôtel de Ville de La Flèche.

dans la chapelle, soit à l'extérieur. Les inscriptions funéraires que l'on lit encore en font foi. Le fermier général de tous les biens du prieuré de Saint-Thomas et par conséquent de Notre-Dame-des-Vertus concédait, avec autorisation du clergé, les terrains qu'on lui demandait et il se chargeait d'entretenir les tombes. En 1791, ce fermier général était Jacques Le Roy, de Seiches, qui, dans son accord avec la nouvelle propriétaire du terrain et du petit cimetière entourant Notre-Dame-des-Vertus, consent à cesser son exploitation, à la charge par *l'acquéreur* d'entretenir les tombeaux qu'il a donnés à différents particuliers.

Le service divin s'y célébrait, sinon tous les jours, du moins plusieurs fois chaque semaine, et non seulement les âmes pieuses désirèrent reposer près de la petite chapelle, mais elles voulurent qu'après leur mort des messes y fussent dites pour elles. En 1740, Mme Suzanne Quinchard, veuve de M. François Galloys, et, en 1752, Mlle Marie-Irénée-Marthe de Saint-Chéreau fondent une messe à dire dans la chapelle de Notre-Dame-des-Vertus les jours de Saint-Jean et de Sainte-Suzanne. Inutile de multiplier les exemples.

Une procession solennelle fut de bonne heure organisée pour conduire tous les pèlerins à leur cher sanctuaire ; j'en trouve en effet la preuve dans un inventaire des archives de notre Fabrique en 1738 : « Et en une autre liasse de douze pièces concernant la fondation d'une procession à Notre-Dame-des-Vertus, par Marie Dugué, cottées par 5 R » (1). Et en même temps, s'établissait cette « neuvaine de matinées et de soirées religieuses auxquelles la population de notre ville se rend volontiers pendant un tiers du mois de mai. Ce petit pèlerinage à neuf reprises a bien son charme particulier, printanier, paisible.... » (2).

(1) Registre des délibérations du Conseil de fabrique, 1736 à 1787.

(2) J. Clère, loç. cit.

Notre neuvaine à Notre-Dame-des-Vertus, commencée ainsi par la piété des fidèles, fut de très bonne heure régularisée par le clergé paroissial, et sans doute approuvée officieusement de l'évêque d'Angers; l'église de La Flèche avait ses offices propres et dans la dernière édition de ces offices, je trouve, au troisième jour, dans l'octave de l'Ascension, la fête de Notre-Dame-des-Vertus (1).

De cette époque date certainement la touchante coutume qu'ont les enfants de la Première Communion d'aller, chaque matin de la neuvaine, prier Notre-Dame-des-Vertus, en tenant pendant la sainte messe une petite bougie allumée.

Le culte de Notre-Dame-des-Vertus avait si bien pénétré le cœur des Fléchois, que le départ des fondateurs n'arrêta point la ferveur.

Les Jésuites, supprimés en 1763, furent obligés d'abandonner leur collège. Avant de partir, et « voulant que leurs statues aimées bénissent encore à l'avenir les habitants de la ville, ils les offrirent à la chapelle de Notre-Dame-des-Vertus » (2). Ces statues du collège militaire étaient celles de la sainte Vierge, de saint Louis de Gonzague et de saint Stanislas Kostka. On sait qu'à cette époque la niche du maître-autel contenait la statue en bois argenté qui avait reçu les premiers hommages adressés à Notre-Dame-des-Vertus.

En 1763 elle fût enlevée; je ne saurais dire ce qu'elle est devenue. Elle fut remplacée par cette statue du collège royal, dont M. J. Clère parle en ces termes :

« La statue de jeune fille représentant la Vierge, naguère placée dans la niche du Maître-Autel, se trouvait, avant l'année 1763, dans l'église du Collège

(1) *Officia propria Ecclesiæ flexiensis 1760*, « *feriâ tertiâ infrà octavam Ascensionis Domini nostri Jesu Christi. In festo Beatæ Mariæ Virtutum* ».

(2) Recherches sur les pèlerinages manceaux, p. 120.

militaire. Les Jésuites, expulsés de France à cette époque, la léguèrent au petit Sanctuaire de Notre-Dame-des-Vertus. On la voit à présent sous l'arcade de la petite chapelle de gauche. Celle qui l'a remplacée, dans la niche de l'abside, a droit à une vénération plus complète, elle représente une mère et son fils. »

Il y eut donc en résumé trois statues. Quand s'opéra le dernier changement? A quelle époque fut placée la statue actuelle? Aucun document, jusqu'à présent, n'a apporté de réponse à ces questions.

En tout cas, le changement ne nuisait nullement à la piété et à la confiance des fidèles. Le culte dut même s'y développer d'une façon prodigieuse, puisqu'il attira l'attention du Pape lui-même.

Par une bulle du 29 avril 1779, Pie VI autorisa officiellement la neuvaine de Notre-Dame-des-Vertus, qui, déjà, à cette époque, commençait, ainsi qu'à Aubervilliers, le mardi dans l'octave de l'Ascension.

Le Pape accordait « une indulgence plénière à tous les fidèles vraiment pénitents, confessés et communiés, qui visiteraient la chapelle dans l'octave de l'Ascension ».

L'évêque d'Angers, Monseigneur de Grasse, donnait, lui aussi, son approbation le 15 avril 1780 (1).

La bulle de Pie VI, conservée dans un cadre doré de l'époque, est appendue au bas de la nef et tout pèlerin peut en prendre connaissance.

« Ces légalisations pontificales du culte de Marie dans cette petite église solitaire, dit M. J. Clère, répondent à la pensée de quiconque, je crois, vient la visiter. Quand le jour décline et que les splendeurs du crépuscule avec les derniers souffles du jour et les brises de la nuit, pénètrent par le vieux portail, la rosace et l'une des fenêtres, tandis que l'autre reste

(1) Cf. Pièce justificative I.

dans l'ombre, alors que le bruit éloigné de la ville, cessant par dégrés, finit par s'éteindre et que le silence qui lui succède n'est plus interrompu que par la fauvette gazouillant sa chanson du soir sur les tombes, je ne sais s'il est quelqu'un que tout cet ensemble n'impressionnerait pas religieusement. J'ai vu des chapelles de la Vierge sur la crète des montagnes et sur les rivages de la mer; je n'en sais pas qui inspirent mieux que celle de notre ville, une intime, poétique et — la solennité des tombeaux est là pour empêcher de sourire des deux mots qui me restent à dire, — une philosophique prière. »

CHAPITRE III.

Notre-Dame-des-Vertus pendant la Révolution.

§ I.

Vente du domaine des Vertus. — Enchères des 7 et 16 Mars 1791. — Famille Coquiny-Desprès. — Bel exemple de foi chrétienne de Anne-Françoise Le Roy Guittonnière, veuve Coquiny-Desprès.

Nous arrivons à la période la plus mouvementée de notre histoire; je ne parle certes pas pour La Flèche, où l'époque révolutionnaire n'a guère laissé de souvenirs pénibles ni amassé ruines sur ruines, comme en beaucoup d'autres cités. Les guerres civiles, surtout, remuèrent le pays, et, en dehors des deux invasions vendéennes, il n'y eut jamais de ces agitations populaires qui, partout ailleurs, ont fini dans le sang et dans la boue.

Pour être demeurée calme, notre ville n'en était pas moins soumise au régime, et les lois, même injustes, devaient être exécutées. « L'homme s'agite et Dieu le mène »; chaque jour cette parole se vérifie, car, à cent ans de distance, les mêmes faits se renouvellent d'une façon presque identique, et c'est une raison pour tout Français d'espérer en l'avenir, lorsque l'on médite les enseignements du passé. Les pires situations, on l'a vu à la première Révolution, trouvent leur dénouement en dehors de la volonté humaine, parce que les desseins immuables du Tout-Puissant s'accomplissent toujours malgré ce qui nous paraît constituer un invincible obstacle.

Un décret de l'assemblée législative ayant ordonné la mise en vente, comme *biens nationaux*, de tous les biens ecclésiastiques, les administrateurs du district de La Flèche, en exécution de ce décret, mirent en vente tout le prieuré de Saint-Thomas dans les dépendances duquel était Notre-Dame-des-Vertus.

La vente fut décidée pour le 7 mars 1791; le procès-verbal (1) signé par les commissaires du district Davy des Piltières, Lemétayer, Le Camus, Lefranc, Piau, procureur syndic, nous détaille ainsi le lot de la vente.

« Aujourd'hui sept mars 1791, nous, administrateurs du directoire du district de La Flèche, vû notre procès-verbal d'évaluation, en date du 11 février dernier, et la soumission par le sieur François-Bonaventure Bidault, fermier, demeurant à Verron, et en date dudit jour 11 février, d'acquérir les domaines nationaux ci-après,

Savoir : 1° Les bâtiments, cellier, grange, cour et jardin, sis près Notre-Dame-des-Vertus;

2° Une pièce de terre, nommée les Graveaux, contenant 26 journaux de terre, hors toutefois 3 journaux, à la partie occidentale de ladite pièce divisée par un sentier qui conduit de la ville aux grandes Courbes, vendus séparément;

3° Trois hommées de pré dans la prée de la commune. »

Comme on le voit, soit par respect du saint lieu, soit par crainte d'une manifestation, il n'est pas encore question de vendre la chapelle elle-même ni son petit cimetière.

(1) Archives de la fabrique de Saint-Thomas.

François Bidault étant seul enchérisseur à 14,267 l. 2 s. 6 d., on fit une nouvelle mise aux enchères.

En présence de MM. Hamon, Davys de la Lamerie, commissaires de la municipalité de La Flèche, on allume, le 16 mars, les feux de « deuxièmes enchères ».

Elles sont portées par Mme Coquiny-Després à 27,000 l., par M. Rocher à 27,700 l., Mme Coquiny-Després à 28,000 l., Rocher à 29,000 l., Mme Coquiny-Després à 29,500 l., Rocher 30,000 l., et enfin par Mme Coquiny-Després à 30,500 l. Cette femme chrétienne, modèle de foi et de vertu, aurait poussé plus loin encore les sacrifices pécuniaires, — nous le lisons dans les notes de famille, — pour demeurer propriétaire du patrimoine de Notre-Dame-des-Vertus et garder à la chapelle son entourage qui en fait le charme et la poésie.

Le nom de cette chrétienne, de cette bienfaitrice insigne doit être dans tous les cœurs.

Je ne veux point entrer ici dans des détails généalogiques que l'on trouvera au tableau ci-inclus (1); je rappellerai seulement que Anne-Françoise Le Roy-Guittonnière était veuve, en 1791, de Denis Coquiny-Després. C'est son frère, Jacques Le Roy, encore fermier général, en 1791, des biens du prieuré de Saint-Thomas, qui voulut l'aider dans ses desseins de conserver à la piété des Fléchois les lieux qu'ils aimaient et vénéraient.

Mme Coquiny-Després eut six enfants, qui, tous, lors de cet achat, comme du suivant, connaissaient et approuvaient le projet de leur mère; c'était :

Louise-Julie, morte à La Flèche, le 14 février 1803;

Marie-Ursule;

Marie-Sophie, épouse de Charles-Julien Fanneau de la Horie;

(1) Cf. Pièce justificative II.

Joseph-Eléonor-Paul, instituteur à La Flèche;

Mélanie-Anne-Marie, épouse de Isaac-René Gaudichon, habitant à Rivière, près Chinon;

Françoise-Jacquine, épouse de Louis-Jean-Baptiste Huguet, tous deux morts avant 1800, mais laissant à New-York des enfants héritiers de leur aïeule.

§ II.

Vente de la chapelle (17 juin-2 juillet 1794). Elle demeure affectée au culte.

Entre la vente du domaine des Vertus et la vente de la chapelle, il s'écoula trois années; sans doute, jusqu'à ce moment, on n'avait osé pousser plus loin la spoliation et rien ne nous permet de croire que la chapelle fut alors fermée. Au contraire, toutes les vieilles traditions fléchoises inédites nous montrent les prêtres assermentés cachés dans la campagne et venant célébrer les saints mystères à Notre-Dame-des-Vertus, sous les yeux de la police, qui semblait ne rien voir.

Cette situation ne se pouvait prolonger; le 29 prairial, an II, (17 juin 1794), eurent lieu les premières enchères « d'un bâtiment appelé autrefois Notre-Dame-des-Vertus, composé d'une nef de trente-neuf pieds de longueur sur seize de largeur, de deux chapelles correspondantes de dix pieds six pouces de largeur sur dix de longueur, une petite sacristie, chœur de seize pieds quarrés, au devant dudit bâtiment, un morceau de terre (le cimetière) d'environ cent quarante-trois toises quarrées, le tout dépendant du ci-devant prieuré de Saint-Thomas, situé commune de La Flèche » (1).

Mme Coquiny-Després, ne manqua point d'assister à ces premières enchères, et elle avait soumissionné, seule, pour la somme de mille livres.

Le 14 messidor (2 juillet) seconde mise aux enchères.

Celles-ci furent portées par Louis Chauvellier à 1,100 l.

Par Pierre Brossier à 1,400 l.

Par Mathurin Morin à 1,600 l.

Par Beaufils à 1,900 l.

Encore L. Chauvellier à 2,200 l.

Enfin Mme Coquiny-Després mit la dernière enchère et resta propriétaire à 2,425 l. (2).

Elle possédait donc désormais le domaine entier de Notre-Dame-des-Vertus.

Soucieuse de garder pour un avenir meilleur le sanctuaire béni, mais trop âgée pour pouvoir veiller elle-même à sa conservation, Mme Coquiny-Després s'adresse à un membre de sa famille M. Paul Salmon, négociant fléchois. Tous deux, le 17 floréal, an III (6 mai 1795), passent un bail « pour 3, 6 ou 9 années, avec droit de passer sur le terrain qui est devant la porte d'entrée sur la largeur de 6 pieds à partir du mur, d'un corps de bâtiment appelé ci-devant Notre-Dame-des-Vertus.... » (3)

(1) Archives de la fabrique; procès-verbal d'enchères.

(2) Archives de la fabrique. Procès-verbal, signé : Péans, Oger, Rizière, Bluet-Lenoir, Dulac.

(3) Cf. Pièce justificative III.

Bail peu commun : Mme Coquiny-Desprès « n'exigeait aucun loyer » ; elle montrait ainsi, qu'elle ne voulait tirer aucun profit de sa propriété, mais tenait à rendre au culte la petite chapelle, en lui gardant un propriétaire ferme et énergique. Immédiatement M. Salmon fit rouvrir publiquement la chapelle, ce qu'on lit aux archives de Saint-Thomas (1) : « M. et Mme Salmon ouvrirent alors cette chapelle pour l'exercice du culte catholique et chaque fois qu'il y avait relâche dans la persécution, les prêtres catholiques, cachés à La Flèche, y célébrèrent l'office divin publiquement, avec un grand concours de fidèles ».

Sans doute, le service n'y fut plus régulier, pendant toutes ces années de trouble et de suspicion, mais il est une chose importante à constater, comme l'administration civile le fait elle-même en 1838 : « La chapelle dédiée à la Sainte Vierge sous le nom de Notre-Dame-des-Vertus, *ayant toujours été affectée au culte public*, malgré qu'elle fût devenue propriété particulière par suite de la vente qui en fut faite nationalement à la famille Coquiny-Desprès, n'a jamais été affermée » (2).

Ce petit coin de terre fléchoise devait être suspect ; cette chapelle, cependant calme et silencieuse, pouvait être un lieu de réunion, c'est-à-dire de conspiration. Ces idées bizarres avaient cours même en 1799. Dans les notes du district (3), on lit à la date du 15 janvier 1799 : « On se rassemblait les dimanches et jours de fêtes à Notre-Dame-des-Vertus, ordre est donné de fermer cette chapelle ».

Un an après (7 avril 1800), Lenoir commissaire de La Flèche, adresse ces plaintes au Mans (4) : « Dans

(1) Annales manuscrites de Saint-Thomas, p. 358.

(2) Lettre et note du Receveur de l'Enregistrement, à La Flèche.

(3) Citées par Montzey, II-217.

(4) Montzey, II-227.

les campagnes on sonne l'angélus trois fois le jour. On sonne les messes et même les enterrements. La croix est relevée dans les cimetières. Il existe dans notre commune une chapelle sous la dénomination de Notre-Dame-des-Vertus, il s'y est fait hier des rassemblements ; je crains bien que cela ne nous conduise à quelque chose de funeste. La loi défend tout culte extérieur, conduite à tenir ? »

Même en 1800, la liberté de conscience n'était qu'un vain mot. Cependant, les Fléchois loin de se laisser intimider, sans provocation, mais sans crainte et publiquement, confessaient leur foi, aux pieds de leur Protectrice ; par leur ferme courage, ils en imposaient aux ennemis de la liberté et faisaient respecter ainsi le libre exercice de leur culte. Ils s'étaient tenus bien fidèlement groupés auprès de leurs prêtres non assermentés et ceux-là seulement pouvaient célébrer à Notre-Dame-des-Vertus où jamais ne pénétrèrent les prêtres constitutionnels de Saint-Thomas. Mme Coquiny-Desprès, propriétaire de la chapelle, en pouvait disposer à son gré et y recevoir qui bon lui semblait.

CHAPITRE IV.

Notre-Dame-des-Vertus pendant la première moitié du XIXe siècle.

§ I.

Mort de Madame Coquiny-Després. — Partage entre ses six enfants. — Les Curés de Saint-Thomas et de Notre-Dame-des-Vertus. — Retours successifs à la Fabrique de Saint-Thomas des différents lots indivis de la Chapelle.

A l'heure où les dénonciations menaçaient sa chapelle, l'insigne bienfaitrice des Vertus mourut (1800). Ses enfants se montrèrent dignes héritiers de la foi maternelle. A la vérité, fiers de posséder ce sanctuaire béni, possession qu'ils regardaient comme un honneur, une bénédiction et une sauvegarde, ils furent lents à s'en dessaisir, mais tous furent unanimes à en laisser la libre jouissance aux fidèles de notre cité.

L'une des filles de Mme Coquiny-Després, Louise-Julie, mourut le 14 février 1803. Dans le partage entre ses frères et sœurs survivants et ses neveux, comme dans le partage au décès de sa mère, il n'a pas été fait mention de la chapelle Notre-Dame-des-Vertus ni du petit cimetière dépendant, acquis par Mme Coquiny-Després, « l'intention de leur mère, bien connue des partageants étant d'en destiner la propriété au culte public » (1).

Néanmoins, après ce partage, la chapelle devenait

(1) Archives de la fabrique.

un bien indivis, et les différents propriétaires étant bientôt dispersés aux quatre coins du monde, plus difficile allait être la tâche des curés de Saint-Thomas, pour faire rendre à la fabrique ce qu'elle avait possédé autrefois. La paroisse Saint-Thomas, peut-être par la protection de Marie qui y était bien honorée, a toujours été privilégiée, et, au XIXe siècle, elle eut entre autres privilèges, celui infiniment précieux de conserver longtemps les pieux et zélés pasteurs que la Providence lui avait envoyés : M. l'abbé de la Roche fut curé de 1802 à 1831, M. l'abbé Goumenault-Desplantes de 1831 à 1856, M. l'abbé Coulon de 1856 à 1883, et M. l'abbé E. Rousseau, depuis 20 ans, administre la paroisse et l'administrera encore longtemps pour le plus grand bien des âmes.

Ces quatre pasteurs qui, en cent ans, se sont succédé à Saint-Thomas, ont tous eu à cœur de travailler à favoriser le culte de Notre-Dame-des-Vertus et à embellir sa chapelle.

M. l'abbé de la Roche et M. l'abbé Goumenault eurent, comme premier but, de rendre la fabrique propriétaire de la chapelle, et, en 1854, ce but était atteint. M. l'abbé Coulon s'occupa de restaurer la chapelle, et M. l'abbé E. Rousseau l'entoura de cette belle couronne d'œuvres sur lesquelles nous reviendrons tout à l'heure.

Dès 1803, la troisième fille de Mme Coquiny-Després voulait déjà céder son lot, car à cette date elle écrivait à M. Bodin, secrétaire de la fabrique (1) : « Mme de La Horie a l'honneur de saluer M. Bodin et de le prier, s'il le peut, ainsi qu'il a promis, de lui faire le modèle de ce qu'elle désire écrire à ses neveux pour les engager à donner, ainsi qu'elle, leur portion de la chapelle ou à ne pas désapprouver qu'elle seule donne la sienne. » — « Vous

(1) Archives de la fabrique. Mme de la Horie avait écrit sur deux cartes à jouer, un deux de trèfle et un cinq de cœur.

m'aviez également promis un modelle de lettre pour inviter mes neveux (les enfants Huguet), à consentir à ce que je veux donner mon cinquième de notre chapelle je n'ay tardé à vous réitérer cela que par ma lenteur à me rétablir. »

Mme de la Horie ne put mettre son désir à exécution, mais dans son testament du 29 septembre 1828 elle dit : « Je lègue à la fabrique de l'église Saint-Thomas de La Flèche, les portions qui m'appartiennent et m'appartiendront dans la chapelle de Notre-Dame-des-Vertus et le terrain au devant appelé le petit cimetière.

Le tout situé commune de La Flèche, à la charge de faire dire à perpétuité dans la chapelle une messe de *Requiem* pour le repos de mon âme et celle de mes parents le 3 novembre. »

Une ordonnance de Charles X, du 16 décembre 1829, vint autoriser le trésorier de la fabrique de l'église Saint-Thomas à accepter ce legs.

L'un des neveux, dont parle plus haut Mme de la Horie, Hippolyte-Louis-François Huguet, fait, le 3 février 1831, « don entre vifs, irrévocable et sans réserve à la fabrique de l'église de Saint-Thomas de La Flèche, de la huitième partie indivise qui lui appartient de son père et de sa grande tante, d'une chapelle dite Notre-Dame-des-Vertus avec le terrain au devant..... Dans cette donation sont compris les ornements à l'usage de ladite chapelle et tout ce qui y est adhérent ou mis à perpétuelle demeure. »

Par ordonnance du 9 février 1833, Louis-Philippe autorisa le trésorier de la fabrique à accepter ce legs.

Je disais tout à l'heure que les enfants de Mme Coquiny-Després tenaient à honneur de se dire propriétaires de la chapelle. Voici ce que l'un deux, M. Gaudichon, époux de Mélanie-Anne-Marie Coquiny-Després, écrivait, le 25 juin 1811, à « Messieurs les membres du conseil de fabrique de Saint-Thomas :

« Messieurs, la cruelle maladie que vient d'éprouver « mon épouse et ma faible santé m'ont privé d'avoir « eu l'honneur de vous répondre de suite. J'aurais le « plus grand désir de satisfaire à la demande que « vous faites de la chapelle de Notre-Dame-des- « Vertus. L'acquisition qu'en a faite Madame Després, « notre respectable et vertueuse mère, a transmis à « ses enfants l'esprit de piété, de respect et d'attache « à cette chapelle. Mon épouse y est singulièrement « attachée et a fait des vœux inviolables de ne jamais « céder ses droits de propriété. Vous savez, Messieurs, « qu'elle a toujours été ouverte à la dévotion de vos « concitoyens, nous savons que l'esprit de piété qui « les animent et les prières qu'ils font journel- « lement dans cette sainte chapelle leur fait autant « de plaisir qu'à nous de l'avoir conservé intact (*sic*).

« J'ai l'honneur d'être, avec les sentiments de la « plus haute considération,

« Messieurs,

« votre très humble et très obéissant serviteur.

« Gaudichon-Després. »

Cette lettre, timbrée de Chinon, est adressée à « M. Bodin aîné, membre du conseil de la fabrique de la paroisse de Saint-Thomas de La Flèche, en son hautelle (!), à La Flèche. »

Mais là, comme ailleurs, la mort survint, aplanissant tous les obstacles, et le conseil de fabrique délégua à nouveau l'un de ses membres pour intercéder auprès des enfants de M. et Mme Gaudichon. Le 18 février 1835, M. Etienne Bodin, juge de paix à La Flèche, chevalier de la Légion d'honneur, leur acheta lui-même « leur quart indivis de la chapelle de Notre-Dame-des-Vertus, avec le terrain au devant, connu sous le nom de petit cimetière », et en fit don à la fabrique de Saint-Thomas, le 2 mai 1835, à la charge par la fabrique de faire célébrer à perpétuité, chaque année, une messe basse de requiem à Saint-Thomas, le 15 novembre. Nous verrons plus loin quel heureux résultat, pour la chapelle, produisirent les formalités d'acceptation de ce legs.

Peu à peu, la chapelle revenait à son légitime propriétaire. Le 3 novembre 1851, M. Goumenault-Desplantes achetait à son tour aux dames Coignard, petites-filles de Joseph-Eléonor-Paul Coquiny-Després, et arrière-petites-filles de la bienfaitrice, leur quart indivis, qu'il céda le 16 juillet 1852 à la fabrique, qui était bientôt autorisée à l'accepter, par décret présidentiel du 29 novembre 1852.

Il ne restait plus qu'un huitième à acquérir : celui des deux petits-enfants de Françoise-Jacquine Coquiny-Després, épouse de Louis-Jean-Baptiste Huguet. Le 28 janvier 1854, M. l'abbé Goumenault écrivait à l'un de ces enfants, M. Robert, habitant à New-York, pour lui demander de faire abandon de son huitième au profit de la fabrique. Le 17 mars, arrivait la réponse faite par M. Robert lui-même :

« Madame Robert, dit-il, a été agréablement surprise « de ce que vous lui mandez au sujet de Notre-Dame- « des-Vertus et de l'historique qu'en donne Monsieur « le curé de La Flèche. Cet antique et religieux monu- « ment doit sans doute revenir tout entier la propriété « de la fabrique de Saint-Thomas de La Flèche. C'est « donc avec infiniment de plaisir que Madame Robert « et Madame veuve Costard accèdent à vos désirs et « à ceux qu'exprime Monsieur le curé par sa lettre « précitée. Elles n'y mettent d'autres conditions que « de célébrer à leur intention, dans ladite chapelle, « deux messes basses par an et à perpétuité. Trop « heureuses si cette faible offrande peut leur valoir « les bénédictions de Messieurs du clergé et des pieux « habitants de La Flèche. »

M. l'abbé Goumenault voyait donc le succès définitif couronner ses efforts, et il méritait bien, lorsque la mort vint le frapper deux ans après, de reposer devant l'autel même de la Reine des Vertus.

§ II.

Rétablissement du culte à Notre-Dame-des-Vertus. Reconnaissance officielle par l'autorité civile et religieuse.

Que le lecteur me permette de revenir maintenant un peu en arrière.

Dès la première année du Premier Empire, la chapelle de Notre-Dame-des-Vertus fut publiquement ouverte aux fidèles, qui y reprirent vite leurs pieuses coutumes.

Le 11 juin 1822, un chemin de la croix y fut érigé par le P. Rouby, missionnaire du diocèse de Laval, et le procès-verbal est signé : F. Salmon-Thoré, Saint-Chéreau, Charlotte de Norambert, M.-O. Bodin, Marie Bodin, Louis Bodin.

Ce n'était pas encore assez et l'attachement des Fléchois à leur sanctuaire allait recevoir sa digne récompense.

En 1826, Monseigneur Claude Magdelaine de la Myre, évêque du Mans, approuvant le bref du souverain Pontife Pie VI de 1772, bref qui avait déjà reçu (1780) l'exequatur de Mgr de Grasse, évêque d'Angers, autorisa le culte de Notre-Dame-des-Vertus et sa fête, le mardi dans l'octave de l'Ascension (1).

Au point de vue spirituel, la chapelle recevait donc toutes les faveurs possibles. Au point de vue temporel, le pouvoir civil dut apporter son appui et son autorité.

On n'a pas oublié le legs que M. Bodin fit à la fabrique le 2 mai 1835.

(1) Cf. Pièce justificative IV.

Or le 16 novembre 1835, M. le Préfet de la Sarthe, *Saint-Aignan*, « fait savoir à Mgr l'Evêque du Mans que le ministre des Cultes vient de lui annoncer qu'il ne pourrait soumettre au Roi la proposition relative à l'acceptation de la donation faite à la fabrique de Saint-Thomas de La Flèche par M. Bodin, sans provoquer en même temps *l'ouverture légale de la Chapelle de Notre-Dame-des-Vertus* qui est l'objet de ce don. Il y aurait lieu alors de procéder à l'accomplissement des formalités nécessaires pour son érection en *chapelle de secours.*

« Les formalités consistent d'abord dans la production d'une délibération du conseil de fabrique, contenant l'engagement de pourvoir à la dépense de la Chapelle avec l'évaluation présumable de cette dépense et celle de ses revenus qui feront aussi partie du budget de ladite fabrique,

« Et le prie de vouloir bien provoquer dans le plus bref délai la délibération demandée et de l'accompagner de son avis. » Il ajoute : « Je ferai remplir ensuite les autres formalités... »

Le 18 novembre 1835,

Mgr Bouvier adresse, par M. le Curé de La Flèche, une injonction à M. le Président du Conseil de fabrique de La Flèche « de réunir extraordinairement ledit conseil à l'effet de délibérer sur les moyens à prendre pour pourvoir à la dépense de la Chapelle de Notre-Dame-des-Vertus.

La délibération devra contenir l'évaluation présumable de la dépense et celle des revenus de ladite chapelle ». Cette injonction est contresignée : Lottin, chan. sec. de l'Evêché.

Le 25 novembre 1835, en vertu de l'injonction ci-dessus relatée, « le Conseil de fabrique de Saint-Thomas, réuni extraordinairement dans la salle du presbytère de La Flèche, après avoir mûrement examiné la proposition qui lui est soumise, a été d'un accord unanime sur l'utilité de la conservation de la Chapelle de Notre-Dame-des-Vertus, pour les habitants de La Flèche, qui à certaines époques de l'année attire un nombre considérable de fidèles, à cause de sa position attenant au cimetière et de la dévotion toute particulière qu'ils ont pour la Sainte Vierge qui y est honorée d'une manière toute spéciale,

Considérant que depuis plusieurs années, le prix de la location des chaises, les quêtes et dons volontaires, etc, lors des cérémonies qui ont eu lieu dans la chapelle de Notre-Dame-des-Vertus, ont suffi à son entretien, aux dépenses du culte et aux décorations désirées par les fidèles ; que ce revenu peut être évalué à *cent francs* par année, et les diverses dépenses ordinaires à la somme de 60 francs, d'où il résulte qu'il doit y avoir un avantage réel, au profit de la fabrique,

Prend l'engagement de pourvoir aux dépenses qui seront nécessaires pour son entretien et les frais du culte à partir du jour où, par ordonnance royale, la chapelle de Notre-Dame-des-Vertus aura été érigée en chapelle de secours, comme aussi, à partir de la même époque, le budget de la fabrique comprendra les recettes et dépenses de ladite chapelle.

Signé : Mouette-Lamotte, E. Bodin, Goumenault-Desplantes, curé de La Flèche, Broutin, Bertrand, Helot, H. Jardin, le Marquis de Kermel-Lelasseux, Bodin aîné. »

De tout temps, le pouvoir civil fut lent dans ses concessions d'ordre religieux, et ce n'est que le 9 mars 1837 qu'arriva la réponse du roi.

9 mars 1837. — Ordonnance du roi Louis-Philippe.

En date, à Paris, du 9 mars 1837, contresignée Persil, garde des Sceaux, ministre, secrétaire d'Etat au département de la Justice et des Cultes,

Dispose :

ARTICLE I.

Le trésorier de l'église paroissiale Saint-Thomas de La Flèche (Sarthe) est autorisé à accepter la donation faite sous conditions de services religieux à cet établissement par le sieur Etienne Bodin, aux termes d'un acte public du 2 mars 1835; ladite donation, évaluée à *1,500* [l], et consistant dans le 1/4 indivis d'une chapelle dite de Notre-Dame-des-Vertus, ainsi que dans la partie du terrain et des objets servant au culte et qui appartient au donateur.

ARTICLE II.

Ladite chapelle est érigée en chapelle de secours.

Le culte y sera célébré sous la surveillance et l'autorité du curé de Saint-Thomas de La Flèche et sous l'administration du conseil de fabrique dudit lieu, etc...

La chapelle de Notre-Dame-des-Vertus était donc officiellement reconnue, et, pour qu'il ne lui manquât même pas la plus haute consécration, le pape Pie IX lui reconnut, en 1862, les indulgences accordées par le pape Pie VI.

Les Fléchois pouvaient donc jouir en paix de leur sanctuaire vénéré, et, depuis lors, chacun le sait, car nous sommes maintenant dans l'histoire contemporaine, le pèlerinage de Notre-Dame-des-Vertus n'a fait que gagner chaque année en piété et en affluence de pèlerins.

CHAPITRE V.

Notre-Dame-des-Vertus pendant la seconde moitié du XIXe Siècle, jusqu'à nos jours.

§ I.

Le Pèlerinage — La Neuvaine.

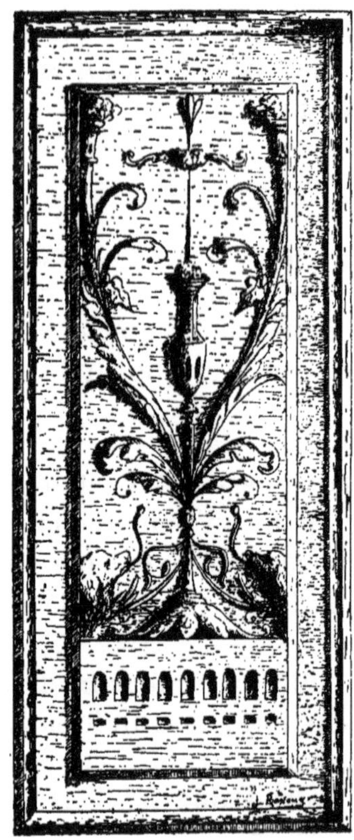

Il semble superflu d'affirmer ici la popularité de notre pèlerinage, et la confiance des fidèles dans la protection de Notre-Dame-des-Vertus.

Il suffit, en effet, de considérer les murs du vénéré sanctuaire ; la lecture des nombreux *ex-voto* qui les tapissent, si je puis ainsi parler, prouvera plus éloquemment que toute parole, mieux que tout écrit, et la bonté maternelle de Marie, et la piété filiale des Fléchois. Qui pourrait dire, surtout, les grâces obtenues auprès de Notre-Dame-des-Vertus, les faveurs spirituelles qui ont aidé tant d'âmes à se maintenir ou encore à rentrer dans la bonne voie ? Dieu seul et sa sainte Mère savent toutes les consolations versées dans les cœurs affligés, qui viennent, loin du bruit de la cité et des troubles de la vie, chercher le calme et l'apaisement dans la solitude et le silence.

Les Fléchois gardent le plus profond amour à leur

petite chapelle des Vertus, et ce n'est que justice, car la protection de la Reine du Ciel est visible.

Cet élan des âmes vers Marie fut, du reste, toujours pieusement entretenu par les archiprêtres de La Flèche ; tous ont compris que leur troupeau ne pouvait être mieux gardé ni mieux protégé que par la Mère de Dieu.

***

Nous avons vu plus haut, qu'au XVIIIe siècle, le service divin s'y célébrait très souvent, que des fondations de messes y étaient établies, et que, chaque année, prêtres et fidèles se rendaient processionnellement à Notre-Dame-des-Vertus chanter une grand'-messe fondée par Marie Dugué.

Sans doute, il y avait ce jour-là exposition du Saint-Sacrement, puisque c'est la Confrérie du Saint-Sacrement qui est chargée de payer au clergé 10 l. pour cette grand'messe (1).

Les messes fondées furent célébrées jusqu'en 1793, car nous voyons, sur un registre de la Confrérie du Saint-Sacrement, que ladite Confrérie a payé au clergé sa rente de 114 l. pour messes, le 1er janvier 1793 (2).

Un prêtre de Saint-Thomas était régulièrement chargé de célébrer la messe à Notre-Dame-des-Vertus, d'y quêter aux fêtes et pèlerinages, de prendre soin de la chapelle. L'histoire nous a gardé les noms de quelques-uns de ces prêtres.

« Le 12 Janvier 1710, décès à Saint-Thomas de *M*^{e} *René Couchard*, ancien curé de Verron, ayant soing de

(1) Les 2 registres des rentes et charges de la Confrérie du Saint-Sacrement (de 1741 à 1779) portent à l'article : *Charges de ce que la Confrairie doit au clergé*, cette mention : « 10 livres pour la grand'-messe qu'on va processionnellement chanter à la chapelle Notre-Dame-des-Vertus pour une deffuncte qui l'a fondée ».

(2) Registre de 1779 à 1795, f° 4 des Charges.

la chapelle de Notre-Dame-des-Vertus, âgé de 61 ans » (1).

« Du 1er mars, au *sieur Niel prestre*.... 4 l. 16 s. pour l'*honoraire de 8 messes* fondées par Joseph Gandon dit la Roche en la chapelle du cimetière... », messes acquittées pendant l'année 1728 (2).

« Du 5 mars, au même..., 4 l. 16 s. pour l'honoraire de 8 messes à Notre-Dame-des-Vertus, de la fondation de Joseph Gandon pour l'année 1730 » (3).

« Au sieur *La Barre*, prêtre, *a succédé pour les quêtes*, à Notre-Dame-des-Vertus, *Fardeau*, prêtre, nommé le 26 février 1733 » (4).

« *Le sieur Maudet, prêtre*, ne se charge non plus du revenu des troncs qui sont dans la chapelle de Notre-Dame-des-Vertus, attendu que le *sieur Vaultier, qui a soin de ladite chapelle*, lui déclara le II décembre de ladite année 1731 (?) que ne s'estant non plus trouvé de clefs chez ledit sieur Maudet, il en auroit fait faire d'autres et ouvert lesdits troncs en présence dudit sieur La Barre et du sieur Cosnier, prestre, dans lesquels il se seroit trouvé 15 à 16 l. qu'il auroit employé aux plus pressantes nécessités de ladite chapelle » (5).

Le registre de la Confrérie du Saint-Sacrement, pour 1751, renferme cette note qui semble être de la main de M. Mousset, vicaire, directeur de la Confrérie :

« *Me Charles Vauthier*, décédé le 23 janvier 1757, a chargé pendant sa vie la fabrique de payer... :

« ... 4°. 5 livres pour une grand'messe le jour de l'Exaltation de la Sainte-Croix, à diacre et sous-diacre plus huit messes basses qui doivent être dites par le

(1) Etat civil de La Flèche.

(2) Comptes de la fabrique de Saint-Thomas pour l'année 1729, f° 6, v° et f° 8.

(3) Comptes de l'année 1731, f° 10.

(4) Archives de Saint-Thomas. — Registre de 1728, f° 6, v°.

(5) Archives de Saint-Thomas. — Registre de 1728, f° 7.

chantre qui lui succèdera dont 4 à Notre-Dame-des-Vertus, dont la rétribution sera de 3 liv.... (f°s 41, 42).

« ... 6°. 10 l. par an au prêtre qui *aura soin de la chapelle de Notre-Dame-des-Vertus*, à condition qu'il chantera ou fera chanter le *Vexilla* à la croix stationale du cimetière, et un *De profundis* sans chanter avec l'oraison *Fidelium*, le *Stabat* à la chapelle avec un *De profundis* et l'oraison *pro defuncto sacerdote*, et qu'il dira deux saluts à la chapelle le jour de Pâques avant souper et le jour de la Pentecôte après soupé avec un *De profundis* et l'oraison *pro defuncto sacerdote*, plus deux messes basses, l'une le jour de la Compassion de la Sainte-Vierge et l'autre dans la Semaine Sainte... (f°s 46, 47) ».

« Le 23 novembre 1789, payé à *M. l'abbé Richard*, sacriste, la somme de dix livres pour la station de la passion à la chapelle de Notre-Dame-des-Vertus » (1).

Après le rétablissement du culte en France, il y a cent ans, on reprit, aux Vertus, la chaîne des traditions, un instant interrompue.

Pendant plus de quatre-vingts ans, il fut célébré au moins une messe par semaine à Notre-Dame-des-Vertus, et nos vénérés pasteurs, après avoir fait de nouveau régulariser officiellement le pèlerinage et la neuvaine des Vertus, eurent la joie de voir grandir chaque année, la dévotion des fidèles.

Aujourd'hui, le service divin se célèbre tous les matins, dans l'antique chapelle, c'est dire que la piété ne s'est point ralentie.

Pendant la Neuvaine surtout, on en peut constater la ferveur.

Cette neuvaine commence le mardi dans l'Octave de l'Ascension, pour finir au matin du mercredi dans

(1) Archives de Saint-Thomas. — Registre de 1788, comptes de M. Lespine, f° 8.

l'Octave de la Pentecôte, la veille de la première communion à Saint-Thomas.

Le premier jour, le St-Sacrement demeure exposé de la première messe au salut ; on chante la grand' messe à dix heures, les vêpres à trois heures et le premier salut à huit heures ; après ce salut, on rentre processionnellement, de la chapelle à Saint-Thomas, par le boulevard Latouche.

Pendant toute la neuvaine, c'est chaque matin, de cinq heures à neuf heures, une succession ininterrompue de messes aux trois autels. Toute la vie paroissiale se transporte, pour ainsi dire, aux Vertus, car Saint-Thomas ne conserve plus qu'une messe, à huit heures.

Il n'est pas de messes où la foule ne remplisse les trois nefs, mais il est tout particulièrement édifiant d'y voir le recueillement de ces petits enfants, qui, pour se mieux préparer à la première commmunion, viennent implorer le secours de la Vierge Marie ; la petite bougie allumée qu'ils tiennent à la main, est le symbole de la foi vive qui anime leur cœur, et il est inouï qu'un premier communiant ait manqué son pèlerinage quotidien et l'assistance à la messe pendant la neuvaine.

Aussi, pour qui connaît cette pieuse pratique de nos enfants fléchois, n'est-il plus étonnant de les voir si attentifs et si fervents pendant toute la retraite.

Les enfants grandissent, ils suivent dans la vie des voies diverses, mais il n'en est peut-être pas un seul qui ne se rappelle avec une douce émotion, ces jours bénis de la neuvaine. Souvent aussi, et tous les prêtres qui ont exercé le saint ministère en notre paroisse l'ont constaté, souvent, à l'heure de la mort, le souvenir de cette neuvaine ramène les âmes de bien loin : Notre-Dame-des-Vertus garde toujours ceux qui lui ont donné les prémices de leur cœur.

Chaque jour de la neuvaine est marqué par un pèlerinage, soit de la ville, soit des paroisses voisines. Le catéchisme de persévérance de Saint-Thomas, celui de Sainte-Colombe, le patronage de Notre-Dame de Belle-Garde, le pensionnat et l'école libre des Filles de Notre-Dame, les premiers communiants du Prytanée Militaire viennent, tour à tour, invoquer la Reine des Vertus ; ce sont encore les paroisses de Mareil, Verron, Saint-Germain-du-Val, Clermont, etc., qui se pressent aux pieds de la Vierge Marie.

Tous les soirs, un prédicateur de choix, célèbre les louanges de Marie, nous dit ses vertus et nous apprend à marcher sur ses traces (1). Le sermon est suivi du salut que chantent les jeunes persévérantes de Saint-Thomas, et c'est toujours avec une douce joie que l'on entend ces pieux cantiques, œuvres de foi et d'amour de nos poètes fléchois, qui redisent avec vérité les sentiments de tous les cœurs.

Si humble qu'il soit, l'historien de Notre-Dame-des-Vertus, ne peut taire les noms de ces poètes qui ont su ajouter un charme de plus à la vie si saintement surnaturelle que l'on coule, en ce sanctuaire, pendant neuf jours.

Deux vicaires de Saint-Thomas ont chanté Notre-Dame-des-Vertus ; il ne nous reste qu'un nom, celui de M. l'abbé Rocher qui a reçu depuis longtemps déjà

(1) Nous aurions été heureux de donner ici la liste des prédicateurs des Vertus, mais la liste en aurait été fort incomplète. Nous espérons, cependant, pouvoir l'établir, un jour, dans une nouvelle édition, avec l'aide de nos bienveillants lecteurs.

la récompense de son zèle vraiment sacerdotal et de son angélique piété !

Un autre poète, M. Henry Gaudin, entendra longtemps encore (c'est le vœu d'un véritable ami), résonner sous ces voûtes séculaires, les suaves et harmonieuses strophes que lui a inspirées la Reine des Vertus.

Suprême hommage à la Mère de Jésus, il met ces strophes en tête du premier volume de ses poésies (1) ; il nous pardonnera de citer la première :

Quelle est cette Vierge si pure
Qui du Très-Haut charme les yeux?
Rien n'égale dans la nature
L'éclat de son front radieux.
Je vois resplendir sa couronne
D'une éblouissante beauté;
Comme un manteau la gloire l'environne
Et remplit tout de sa vive clarté.

Et le chœur répond :

C'est Marie
Que l'âme ravie
Nomme la Reine des Vertus,
C'est Marie
Que la cité prie
Pour ses enfants qui ne sont plus.

La neuvaine des Vertus et la première communion à Saint-Thomas sont deux choses tellement liées l'une à l'autre qu'elles ne pouvaient manquer d'inspirer les poètes, et M. Henry Gaudin, après avoir chanté la bonne Notre-Dame, nous donne le cantique des premiers Communiants (2), auxquels il fait dire cette prière :

Vierge pleine de grâce,
O Reine des Vertus !
Préparez une place
Dans mon cœur à Jésus !...

(1) *Sursum corda*, in-12 de 170 p. La Flèche, impr. Besnier-Jourdain, 1883, pièce justificative, V.

(2) *Mon cœur, réjouis-toi*... Cantique des premiers communiants, p. 12 de *Sursum corda*. Cf. pièce justificative VI.

Il y aurait tout un chapitre à écrire sous ce titre « Notre-Dame-des-Vertus et les Poètes », car ils sont nombreux ceux qui ont chanté la protectrice de La Flèche, et, en ce chapitre, nous donnerions une large place à notre poète fléchois. N'est-ce pas lui en effet qui nous dépeint encore si délicieusement l'antique sanctuaire (1) :

Au fond du cimetière, où tout se tait et dort,
Où — les matins d'été — l'on n'entend que l'accord
De l'oiseau qui s'éveille et chante,
Entre les arbres verts, parmi l'herbe et les fleurs,
S'élève un temple saint, refuge des douleurs,
Et cher à toute âme souffrante.

Longtemps avant M. H. Gaudin, un autre poète fléchois, M. Abel Sallé, avait chanté aussi, en des vers exquis, la chapelle de Notre-Dame-des-Vertus (2) :

Dans un champêtre enclos, voisin du cimetière,
Se cache une chapelle, abri de la prière,
Où la Vierge des Cieux, la Reine des Vertus,
Tend sa main secourable aux chrétiens abattus.

. . . .

J'aime ce cher asile!... A mon cœur il rappelle
Des souvenirs charmants; cette pauvre chapelle
Avait pour moi, jadis, un aspect merveilleux,
Et rien ne fut plus tard aussi doux à mes yeux.

C'est là que, tout enfant, on m'apportait naguère;
C'est là qu'on m'apprenait à faire une prière,
A joindre les deux mains, à plier les genoux,
A bégayer tout bas ces mots : priez pour nous!...

. . . .

Comme on le voit, chez les Fléchois, le souvenir de Notre-Dame-des-Vertus se mêle à tous les souve-

(1) *La chapelle de Notre-Dame-des-Vertus,* p. 30 de *Sursum Corda.* Cf. Pièce justificative VII.

(2) *Ephémères* p. 205 in-12 de 228 p. par M. Abel Sallé, La Flèche, Jourdain, 1858. Cf. Pièce justificative VIII.

nirs de l'enfance, et les auteurs de nos populaires cantiques ne pouvaient manquer de faire ressortir ce précieux détail; le vicaire de Saint-Thomas, dont le nom m'est inconnu, le fait dans des strophes d'une belle envolée poétique (1) :

On nous apprit, dès notre tendre enfance,
A vous aimer, ô Reine des Vertus!
Aussi vers vous, le cœur plein d'espérance,
Nous sommes tous en ce jour accourus!

ou bien encore, c'est M. l'abbé Rocher qui s'exprime avec sa foi fervente (2) :

O Notre-Dame des Vertus,
O Sainte Mère de Jésus,
Vous êtes des Fléchois la gloire et l'espérance;
Tous ont pour vous aimer les ardeurs de l'enfance!
Nos mères vous donnaient à garder nos berceaux;
Mais il faudra mourir, veillez sur nos tombeaux!

Il est un cantique surtout que tout fidèle de la neuvaine aime à entendre et à redire. Oh! ce n'est pas qu'il attire par sa haute poésie, mais il charme par sa naïveté et sa simplicité. Nous ne pouvons fixer l'origine de ce cantique, mais assurément on le connaissait déjà avant la Révolution, et nous sommes dès lors autorisés à croire que l'on chantait « la Reine des Vertus » en même temps que son culte s'établissait en ces lieux (3) :

Vive la Reine des Vertus,
Qu'en ce saint lieu chacun révère!
Vive la Mère de Jésus,
En qui chacun de nous espère!
Vive la Reine des Vertus!
Vive la Mère de Jésus!

***

(1) Cf. Pièce justificative IX.
(2) Cf. Pièce justificative X.
(3) Cf. Pièce justificative XI.

Si le pèlerinage et la neuvaine des Vertus ont eu leurs poètes, il est juste de dire qu'ils ont eu aussi leurs artistes qui ont su donner à ces strophes poétiques l'harmonie musicale, et, grâce à ces talents inspirés par la Vierge Marie, il n'est pas de Fléchois qui ne chante, avec joie et fierté, ses cantiques à la Reine des Vertus.

Notre sanctuaire a eu encore ses pèlerins de marque, et, dans tout le XIXe siècle, les évêques du Mans ont tenu à venir y prier; plusieurs ont voulu présider quelques exercices de la neuvaine. « ... NN. SS. les Evêques du Mans, écrivait M. le chanoine Coulon à Mgr d'Outremont (1), étant appelés à La Flèche pour le sacrement de confirmation, à l'époque de la neuvaine, s'unissent à nous, pour prier Notre-Dame, notre Reine, notre Mère. J'eus la joie d'y recevoir solennellement Mgr Fillion, nouvellement sacré évêque de Saint-Claude. » Ils ne faisaient en cela que suivre la tradition établie avant la Révolution par les évêques d'Angers. Ceux-ci, souvent revenus au pays fléchois et à son vénéré pèlerinage, ne durent pas abandonner sans regret ce plus beau joyau de leur couronne diocésaine. Aussi vit-on, en 1819 (2), Mgr Montault accepter avec joie de faire une ordination en la place de Mgr de Pidoll, évêque du Mans, que son grand âge éloignait désormais de toute fonction épiscopale. L'Evêque d'Angers accepta, mais il voulut que l'ordination se fît à La Flèche où tout parlait encore des liens récents qui unissaient les fidèles au diocèse d'Angers, et, le 10 août, se fit à Saint-Thomas l'ordination de trente-neuf prêtres, vingt-quatre diacres, dix sous-diacres, six minorés et trois tonsurés, tous du diocèse du Mans. Avant et après l'ordination, Mgr Montault alla invoquer la Reine des Vertus, et le lendemain 11 août, l'humble chapelle vit se célébrer

(1) Archives de la fabrique de Saint-Thomas.

(2) Cf. Le récit qui en est fait aux archives de la fabrique de Saint-Thomas.

plusieurs premières messes où, sans doute, plus d'un jeune prêtre eut de grands sentiments de reconnaissance envers Marie gardienne des vocations.

***

La neuvaine n'est pas le seul moment de l'année où l'on vienne en foule à Notre-Dame-des-Vertus. D'autres traditions aussi anciennes y sont conservées.

Le dimanche des Rameaux, le clergé de Saint-Thomas y apporte processionnellement une relique de la Vraie Croix, et, chaque soir de la Semaine Sainte, il y a adoration de la Vraie Croix et bénédiction. Pieuse et touchante pensée, bien digne de vrais chrétiens, d'adorer la croix du Fils devant l'image bénie de la Mère, pendant cette semaine où Marie a souffert, elle aussi, sa Passion douloureuse !

Le dimanche de Quasimodo, après vêpres, on vient chercher la sainte relique pour la rapporter à Saint-Thomas.

Les Rogations devaient nécessairement voir inscrire dans leur parcours la chapelle des Vertus. Le lundi, elle reçoit la paroisse de Verron, le mardi Sainte-Colombe et le mercredi la paroisse Saint-Thomas.

De même, avant les Rogations, au 25 mars, jour de saint Marc, les paroisses de Saint-Thomas et de Verron y viennent en procession et y célèbrent la messe de station.

Mais, ce qui, de nos jours, contribue à faire affluer davantage les pèlerins, c'est cette belle couronne d'œuvres qui ont germé et grandissent à l'ombre de notre chapelle. Je suis donc, tout naturellement amené à parler des Œuvres de Notre-Dame-des-Vertus. Je sais bien que j'aborde un terrain extrêmement délicat, où la modestie de plus d'un bienfaiteur, et surtout de notre vénéré archiprêtre, s'allie si sincèrement à la charité chrétienne, mais je ne saurais passer sous silence ce qui fait aujourd'hui l'honneur et la gloire de Notre-Dame-des-Vertus.

§ II.

Les Œuvres de Notre-Dame-des-Vertus.

Le premier soin des archiprêtres de Saint-Thomas fut de mettre auprès de la chapelle des âmes pieuses chargées de son entretien.

M. Coulon eut, le premier, la pensée d'établir à côté une petite communauté religieuse. Il en écrivait en ces termes à Mgr d'Outremont, en 1875 (1) :

« ... J'ai élevé, à la place des anciens bâtiments, une petite communauté où sont entrées, le premier du mois de saint Joseph, quelques personnes pieuses, qui attendent de votre Grandeur les règlements qui les constitueront en famille religieuse. Mgr Fillion connaissait mes projets et les avait approuvés affectueusement..... Cette petite communauté serait pour huit ou dix religieuses. Les cellules sont en rapport avec le nombre. Un dortoir est préparé pour recevoir une dizaine de petites orphelines, selon les besoins pressants de ma paroisse.... J'ai agi dans le sens de mon prédécesseur qui n'avait pas eu l'intention de procurer des bénéfices aux curés de Saint-Thomas, mais de leur faire la faveur d'être les gardiens de la chapelle qui ne peut être mieux entourée que par une petite communauté. »

(1) Lettre de M. Coulon à Mgr d'Outremont. Pièce justificative, XII.

Mgr d'Outremont vint à La Flèche quelques jours après avoir reçu cette lettre de M. Coulon. Il fit son pèlerinage aux Vertus, visita la communauté naissante, mais, je ne sais pour quelles raisons, ne voulut pas en approuver la fondation.

C'est l'archiprêtre de Saint-Thomas qui nous l'apprend dans une seconde lettre à l'Evêque du Mans, le 11 mars 1875 :

Monseigneur,

La lettre que j'eus l'honneur de vous adresser la semaine qui précédait votre visite à La Flèche, la vue de Notre-Dame-des-Vertus et les explications que j'ai données de vive voix à Votre Grandeur, ne me permettent pas de revenir avec détail sur ce sujet. Ce serait une indiscrétion. Cependant, Monseigneur, vous m'avez autorisé à vous en écrire.

Avant de donner mes soins à la petite communauté de Notre-Dame-des-Vertus, et d'y mettre beaucoup d'argent, j'avais longtemps hésité, vu ma qualité d'usufruitier. Si je m'étais décidé, après en avoir conféré avec Mgr Fillion, mes successeurs recevraient de moi cette œuvre vraiment paroissiale, comme j'ai reçu avec une pieuse reconnaissance ce que m'a confié mon prédécesseur, qui, par l'usufruit de la petite ferme, entièrement grevé de charges, n'avait pas eu l'intention d'enrichir les curés de Saint-Thomas, mais de les constituer protecteurs du sanctuaire vénéré. Et moi, en disposant d'un petit terrain sans valeur, je donnai à mes successeurs, sans aucune charge, un champ loué 50 francs, ce qui porte à 220 francs la ferme jusqu'ici louée 170 francs.

En outre, je dépensais de trois à quatre mille francs et je remettais les bâtiments du fermier en parfait état. Je n'oubliais pas que mes successeurs, comme usufruitiers, n'étaient pas obligés rigoureusement à respecter mon œuvre, mais moralement, comme curés, je croyais pouvoir penser qu'ils l'apprécieraient. L'historique de cette fondation, laissée dans les annales de la Fabrique, leur eût appris au besoin que c'était justice.

Maintenant, Monseigneur, je comprends que ceux qui viendront après moi pourront jouir de ce que leur a légué M. Goumenault, une petite communauté, quelque peu gênante qu'elle soit, ne peut pas s'y établir. C'est pour moi une cruelle déception, ne pouvant plus compléter cette œuvre par un petit orphelinat. Je n'ai plus qu'à laisser dans ma maison, pendant que je vivrai, les pieuses personnes que j'y ai reçues. Ce sera triste pour elles, qui ne pourront pas se constituer, et pour moi qui verrai une œuvre frappée fatalement d'inutilité.

***

Si l'heure n'était pas venue encore de réaliser le projet d'une petite communauté, cela n'indiquait nullement que ce projet dût être abandonné dans l'avenir, et M. Coulon avait raison de croire que « ses successeurs l'apprécieraient ».

Vingt ans plus tard, son digne successeur reprit ce projet, mais en le modifiant.

La ville de La Flèche possède depuis 1806 une admirable communauté de religieuses gardes-malades ; ce sont les religieuses du Très-Saint Cœur de Marie ou de La Providence. Mais ces religieuses, malgré leur dévouement qui se donne et se multiplie à l'infini, ne peuvent satisfaire toutes les demandes. A côté d'elles, il y avait donc bien place pour d'autres gardes-malades, et c'est alors que M. le chanoine Rousseau demanda quelques sujets à la communauté des sœurs de Sainte-Anne de Saumur, fondée par la R.-M. de La Noue. Quatre religieuses furent envoyées ; c'était en 1894.

Immédiatement, elles commencèrent l'œuvre de leur ministère auprès des malades, et, dès ce moment, l'une d'elles fut plus spécialement chargée de visiter les familles pauvres.

Comment furent accueillies ces saintes filles parmi les Fléchois, il est inutile de le redire aux lecteurs ; il n'est peut-être pas, en effet, un seul d'entre eux qui ne leur doive une profonde reconnaissance pour leur dévouement désintéressé et leur zèle infatigable, et l'auteur même de ces lignes veut, en les écrivant, remplir un devoir de sincère gratitude.

De quatre qu'elles étaient en 1894, les « Sœurs des

Vertus » (car c'est le nom consacré aujourd'hui par les Fléchois), sont maintenant au nombre de dix.

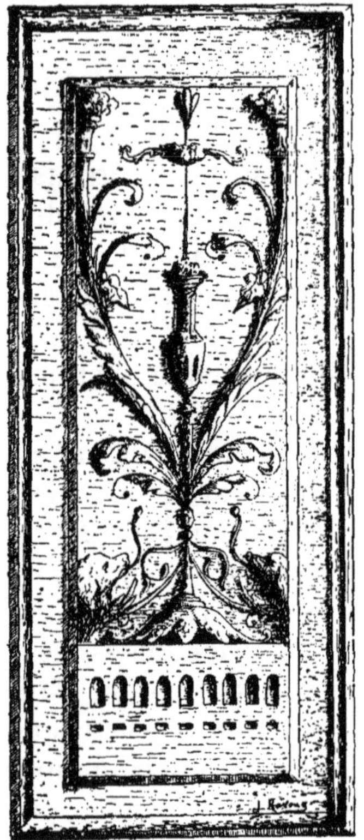

Mais, disons-le de suite, deux d'entre elles sont affectées à l'Orphelinat de garçons, annexé à la petite communauté. En 1897, en effet, M. l'Archiprêtre de Saint-Thomas reprit l'idée de son prédécesseur; il regrettait, depuis longtemps, que les petits garçons n'aient point encore un asile, dans une ville aussi chrétienne et aussi charitable que La Flèche, alors que les petites filles avaient leur orphelinat chez les religieuses de la Providence.

Notre vénéré Archiprêtre, grâce à de nombreux bienfaiteurs, en tête desquels il tint à se placer lui-même avec une générosité inépuisable, fit effectuer quelques travaux d'agrandissement au bâtiment refait par M. Coulon. On reçut un orphelin, puis deux, et, en peu de temps, les demandes affluèrent. Le ciel montrait, d'une façon visible, qu'il approuvait et bénissait cette œuvre, en la faisant ainsi fructifier rapidement. Il fallut se rendre à l'évidence et aménager d'autres bâtiments.

La Providence qui veille avec tant de soin sur tous ses enfants, inspira aux bienfaiteurs des Vertus une foi inébranlable dans le succès de leur pieuse entreprise. Malgré l'énormité des frais engagés, M. le chanoine Rousseau commença les travaux, et, en peu de temps, fit ajouter une aile au bâtiment précédemment restauré. Cette partie nouvelle, réservée aux orphelins, est composée d'un réfectoire et d'une salle d'études au rez-de-chaussée, d'un dortoir au premier, pouvant contenir trente lits.

Nul ne pensait alors que ce chiffre pouvait être atteint immédiatement, et c'est cependant ce qui se produisit; à peine les travaux étaient-ils achevés et l'aménagement terminé, qu'on put compter 25, puis 27 et 29 orphelins.

La Reine des Vertus protégeait trop visiblement l'œuvre du Pasteur et des saintes religieuses, pour ne pas encourager plus que jamais leur zèle et leur générosité. La salle d'études devenant trop petite, on en fit construire une plus grande, dans le terrain touchant la sacristie, ce qui permit d'y ajouter une immense cour de récréation, où les enfants peuvent prendre à l'aise leurs joyeux ébats.

Pour la plupart, ces petits orphelins, n'ont point connu les soins, les tendresses de leur mère, et, cependant, à les voir si plein d'entrain dans leurs jeux, on croirait, qu'il ne leur manque rien; n'ont-ils pas, en effet, retrouvé une autre mère qui, vigilante et prévoyante, les entoure des soins les plus affectueux? Mais si la bonne fille de Sainte-Anne a pour ses enfants un cœur vraiment maternel, c'est qu'elle se sent inspirée, guidée et protégée par la Mère de tous les enfants de Dieu, par la Reine des Vertus.

O bonne Mère du ciel, gardienne des Fléchois, veillez sur cette œuvre bénie qui s'est mise sous votre protection ! L'heure présente est critique, car l'avenir est plein de menaces. Une secte impie a juré de chasser de la France catholique et chrétienne, tout ce qui fait sa gloire ici-bas et sa puissance là-haut auprès du Divin Maître; après avoir chassé Dieu de partout, de l'école et des tribunaux, après avoir enlevé à l'église catholique le droit d'enseigner dans la personne de ses religieux et religieuses, ne consommera-t-on pas le forfait ?

La charité chrétienne elle-même pourra-t-elle encore s'exercer parmi nous ? Le sacrifice, l'abnégation de ces saintes filles qui se donnent avec tant de dévouement dans les hôpitaux ou à domicile, seront-ils à jamais interdits dans un pays en majorité catholique ?

Reine des Vertus, avec vous nous pouvons espérer encore ! Gardez-nous et protégez-nous ! Que tant d'œuvres, entreprises à la gloire de votre divin Fils ou à la vôtre, ne se voient point anéanties sous les coups des impies ! Que tant de généreux efforts ne soient point perdus, et que, aujourd'hui, comme il y a cent ans, votre pieux sanctuaire, centre de foi et de piété, demeure intact avec son admirable entourage ! Que votre chapelle soit comme le phare qui éclaire l'entrée du port et guide les bateliers ! Que nulle tempête ne puisse l'éteindre, et que son feu soit toujours brillant pour maintenir nos courages et diriger notre bonne volonté !

Le lecteur me pardonnera ce long chapitre, inspiré par le doux souvenir du pèlerinage matinal que j'ai accompli tant de fois jadis. Je n'ai plus qu'un mot à ajouter.

Le sanctuaire des Vertus, ce joyau fléchois, se trouve aujourd'hui, comme par miracle, entouré du seul cadre qui lui convienne. La Vierge Mère a, pour la servir, des âmes d'élite qui, après avoir consacré au Seigneur leur cœur virginal, puisent, dans le cœur de Marie, les inspirations, les tendresses de l'amour maternel.

Il devenait tout naturel, on le comprend, que l'entretien de la chapelle fut confié à la petite communauté : avec quels soins elle s'en acquitte, je n'ai pas besoin de le dire. Depuis quatre ans, le saint sacrifice s'y célèbre tous les matins, et Jésus peut ainsi demeurer toujours dans son tabernacle, exposé aux adorations des fidèles pèlerins de Notre-Dame-des-Vertus.

Les ferventes prières, que l'on adresse à la Vierge Marie pour les vivants, ne fait point oublier la prière pour les morts : le voisinage du champ du repos n'est-il pas là pour la rappeler? Une pieuse pensée fit établir, à Notre-Dame des-Vertus, l'Œuvre des Ames du Purgatoire. Le premier dimanche de chaque mois, à 1 h. 1/2, les associés de cette œuvre se réunissent à la chapelle, et y prient pour les morts ; après l'instruction, on donne la bénédiction du Saint-Sacrement. Enfin, le premier mardi de chaque mois, une messe se dit pour les Ames du Purgatoire, et c'est ainsi que sous la garde de la Mère de Dieu, aux pieds du tabernacle où repose la divine victime d'amour, se fait, plus intime et plus touchante, cette union mystique de l'Eglise militante et de l'Eglise souffrante.

CHAPITRE V.

Description de la Chapelle actuelle.

§ I.

Le Lambris. — Les Vitraux. — Les Chapelles.

Je ne puis quitter Notre-Dame-des-Vertus sans décrire quelque peu l'édifice lui-même, dont la décoration intérieure ou extérieure a si bien inspiré nos artistes. Je le ferai brièvement, pour ne pas abuser du lecteur.

On a vu que les Jésuites agrandirent la chapelle en faisant deux absidioles de chaque côté du chœur. Ces deux absides étaient encore bien insuffisantes, et M. l'abbé Coulon donna à ces deux chapelles latérales leur étendue actuelle, les prolongeant ainsi de plus de trois mètres (1).

Parmi les travaux des Jésuites, a été mentionné le lambris; j'en veux parler un instant, ou plutôt rappeler les lignes éloquentes de M. Clère à ce sujet. « Je suis allé revoir Notre-Dame-des-Vertus, à différents instants du jour et presque de la nuit, et j'ai cherché à invoquer et à reproduire la naïve et religieuse poésie qui semble, comme une fleur, comme mille fleurs, tomber en s'effeuillant, de sa voûte, à ces heures pieuses où la foule y reste en prières, et à celles,

(1) Cf. Pièce justificative XIII.

aussi, où elle n'est remplie que par le silence sérieux de la solitude.

« Par une belle après-midi de notre actuel printemps qui s'achève, une aimable et noble obligeance, un de mes doux et durables souvenirs, vint m'accueillir et m'aider, et ce jour là je quittai Notre-Dame-des-Vertus riche d'une moisson d'inscriptions latines que le temps continue d'effacer. Ces fleurs idylliques d'écriture sainte et de sainte poésie auraient-elles perdu leur charme et leur parfum? Malgré les dédains du scepticisme à la mode et l'indifférence pour les naïvetés de l'idéal, je crois que non. Si, dans un temple mutilé de Diane ou d'Aphrodite, on applaudit à l'ami des vieux siècles rétablissant avec empressement et amour les inscriptions menteuses des déesses antiques, pourquoi le chrétien de nos jours trouverait-il déplacées et vulgaires les devises écrites par la foi de nos pères et traduites bien des fois, j'en suis sûr, dans la langue du cœur, à travers les larmes silencieuses de la jeune fille ou de la jeune mère ?

« La reine des douleurs et des gloires, n'a pas trouvé, c'est vrai, dans le petit temple que nous décrivons, un Raphaël ou un Carlo pour reproduire, selon les règles de l'art, ses chastes et royaux emblèmes ; mais l'artiste oublié qui illustra ce plafond de bois, sut, à défaut d'art, jeter dans chaque médaillon une exergue poétique et sainte, pour compléter l'inspiration de sa pensée ; les voici toutes, simplement mises en français, à la suite les unes des autres, à commencer de l'angle le plus voisin de la porte d'entrée.

A DROITE :

Nuée d'Elie (1).
Flamme ....
Couronne de tous les saints.
Char de la gloire de Dieu.
Océan de grâces.
Diadème des Vierges.
Flambeau inextinguible.
Arche de l'Alliance du Seigneur.
Rose sans épine.
Acrotère des Vierges.
Jardin fermé.
Phare de l'Eglise.
Sceau de chasteté.

Etendard de virginité.
Asile des coupables.
Bouclier des combattants.
Espoir des désespérés.
Port des navigateurs,
Source de notre béatitude.

DANS LE CHOEUR.

Porte du Ciel.
Colonne du monde.
Trône de grâce.
Bois de vie.
Arche de Noë.
Force de la Tour de David.

A GAUCHE :

Rayon de la divinité.
Miroir de sainteté.
Ciel du soleil mystique
Tour de secours.
Etoile des étoiles.
Veine de miséricorde.
Lis sans tache.
Séjour de toutes les vertus.
Salvatrice des hommes.
Miroir de la Majesté divine.
Sanctuaire de Dieu.
Mère du soleil levant.
Lumière de ceux qui sont dans les ténèbres.
Terreur des démons.
Tabernacle du Très-Haut.
Source des eaux vivantes.
Santé des malades.
Cité de refuge.
Fleuve de clémence.

DANS LE CHOEUR.

Echelle du Paradis.
Belle comme l'astre des nuits.
Cyprès de la montagne de Sion.
Eglantine incombustible.
Aurore naissante.
Lis virginal.

« Deux exergues de chaque côté ont disparu derrière

(1) Le lambris a été restauré depuis que M. Clère a écrit ces lignes ; cette devise *(Nuée d'Elie)* est aujourd'hui remplacée par celle-ci : *Turris Davidica*. De même la seconde : *Flamme,* qui était incomplète, a été achevée ainsi : *Ignis indeficiens*. Du côté gauche, en face, les deux premières devises ont été également modifiées : *Rayon de la divinité* est devenu *Tour d'ivoire*, et *Miroir de Sainteté* est devenu *Mère du Christ*.

Cf. Pièce justificative XIV.

les chapiteaux des colonnes qui accompagnent le maître autel.

« Les cinquante devises précédentes se lisent sur autant de médaillons ou petit tableaux circulaires qui; en compensation de l'inconvénient d'une exécution grossière, m'ont paru, pour la plupart, avoir le mérite de l'idée naïve et pittoresque.

« Les arabesques et les jolies ramures qui accompagnent ces médaillons et serpentent sur toute la voûte en sinuosités sans nombre, laissent apercevoir encore des médaillons plus petits et dont une couche de noir a rendu le dessin méconnaissable. Celui qui réussirait à la faire tomber et à raviver la peinture primitive, retrouverait dessous de vieilles fleurs de lys de France. Cette petite église, si aimée par nous, est donc, de royaliste qu'elle était, devenue républicaine. Voici l'explication de cette audace inattendue : Quand la révolution de 1789, cette fille émancipée des desseins de Dieu sur le monde, qui, sans comprendre encore son point de départ et son but d'avenir, se faisait terrible et vandale pour les vestiges du passé, une main prudente barbouilla ces insignes de royauté éphémère et ne laissa subsister que les attributs inoffensifs de la reine du Ciel. Ce n'était pas assez, toutefois, pour sauver ces derniers : on entassa au beau milieu de la chapelle une épaisse muraille de paille et de bottes de foin. Un aspect patriotique d'écurie sauva, à la même époque et de la même manière, le chef-d'œuvre de Pigalle, dans un temple protestant de Strasbourg. L'œuvre nationale de l'artiste aux bords du Rhin, comme les emblèmes catholiques de l'inspiration des beaux-arts dans cette rustique petite chapelle des bords du Loir, furent sauvés par le même stratagème.

« A part cette voûte peinturée, l'intérieur ne renferme que des embellissements de fraîche date. C'est d'abord une petite rosace au-dessus du portail, évidemment faite après coup, c'est-à-dire sans la grâce qui caractérise ces ouvertures dès leur introduction, au XIe siècle, dans les façades à pignon des constructions religieuses.

« Deux fenêtres latérales, à vitraux coloriés comme la rosace, à droite, la Naissance et l'Annonciation de la Vierge, et, à gauche, la Purification et l'Assomption. Pour qu'il n'y ait pas à s'y tromper, ces différents sujets sont étiquetés sur des devises fort petites, au-dessous ou dans le cadre même des groupes.

« J'aimerais voir à ces dessins plus de délicatesse, mais peut-être leur rapprochement nuit-il à l'effet qu'ils produiraient naturellement si l'édifice était plus grand et la hauteur plus considérable. Le transept présente deux petites chapelles meublées de deux jolis autels, sur celui de droite on a représenté, en plâtre modelé, le champêtre entourage de la naissance du Sauveur ; sur celui de gauche, dans un encadrement, sous le point de vue de l'art, de beaucoup supérieur au premier, on a exprimé avec convenance les scènes d'indicible tristesse qui accompagnèrent l'ensevelissement du Christ. Il y a, dans la pose des femmes, dans celle surtout de la plus atteinte des mères, une douleur tout à la fois déchirante et digne, imitation heureuse, ce me semble, de l'un des célèbres groupes de Solesmes. »

M. l'abbé Coulon, en restaurant les deux chapelles latérales, débarrassa les autels des groupes indiqués ici par M. Clère et les fit placer dans des niches préparées à cet effet dans chaque petite nef.

En même temps, les deux transepts s'ornèrent de deux magnifiques vitraux représentant, à droite, la Présentation, à gauche, la Visitation.

Enfin, au fond du chœur, au-dessus de la statue de Notre-Dame-des-Vertus, on plaça un vitrail où la Vierge, assise sur un trône royal, est entourée de toutes les vertus.

M. l'abbé Coulon, après avoir refait le chœur de Saint-Thomas tel qu'il est aujourd'hui, c'est-à-dire après avoir enlevé le rétable à colonnes et pilastres qui cachait tout notre chœur actuel, fit porter les colonnes à Notre-Dame-des-Vertus : deux d'entre elles soutiennent l'arc du chœur et deux autres supportent la tribune.

§ II.

La Cloche de Notre-Dame-des-Vertus. — Le Clocheton. Le Mobilier.

Une lettre de M. Dorveau-Coignard, du 17 mai 1839, aux membres de la fabrique, signale l'intention d'une personne de sa connaissance de fournir une cloche convenable au clocher qui serait établi pour la recevoir à Notre-Dame-des-Vertus, et offre en son nom 150 francs à cet effet.

Cette lettre est adressée à Mlles Deniau et Bardet; elle est accompagnée ici d'un plan de clocher avec affiche ainsi conçue :

« Signe du projet de la construction à faire établir à la chapelle de Notre-Dame-des-Vertus. Il est déposé la somme de 150 francs par une seule personne pour l'achapt de la cloche. Cette somme sera remise aussitôt que le clocher sera construit, dans six mois, pour tout délai.

« Que les fidelles enfants de Marie s'empressent de se réunir pour activer la construction. Les offrandes se remettront aux demoiselles sacristines ou dans le tron de la chapelle.

« Quel oubli de n'avoir pas pensé à une cloche si utile et même indispensable; point d'avertissement pour assister au saint sacrifice de la messe, et aucun signe de réunion. »

Le clocher fut construit selon le plan donné, mais jamais il ne fit entendre le son argentin de sa cloche, car il ne renferme pas de cloche. Aujourd'hui encore, la cloche de la chapelle se trouve derrière le chœur. Elle fut fondue avec les quatre cloches de Saint-Thomas, par M. Bollée (1). Nommée Marie, elle eut pour parrain M. Lancelot de Quatrebarbes, et pour marraine Mme Antoinette de Germiny; on lit dessus qu'elle est un souvenir de M. l'abbé Dorveau, vicaire à Saint-Thomas, donateur d'une somme de 2,000 francs.

Dans le mobilier de Notre-Dame-des-Vertus, je ne vois rien de bien remarquable, sinon ce pupitre XVIIe siècle, à triples colonnes torses admirablement sculptées, dont la gravure suivante donne, du reste, une reproduction trop parfaite pour que j'aie besoin d'insister.

Puisqu'il s'agit du mobilier, je ne puis taire que les acquéreurs de 1794 surent le garder aussi précieusement que le monument lui-même. Témoin cette note manuscrite de Mme Salmon, qui, avec son mari, avait pris à bail la chapelle et l'avait conservée au culte (1795) :

(1) On sait que M. Bollée vint fondre ces cloches à La Flèche; il installa son atelier provisoire de fonderie sur le Pré Luneau, ou le Pré.

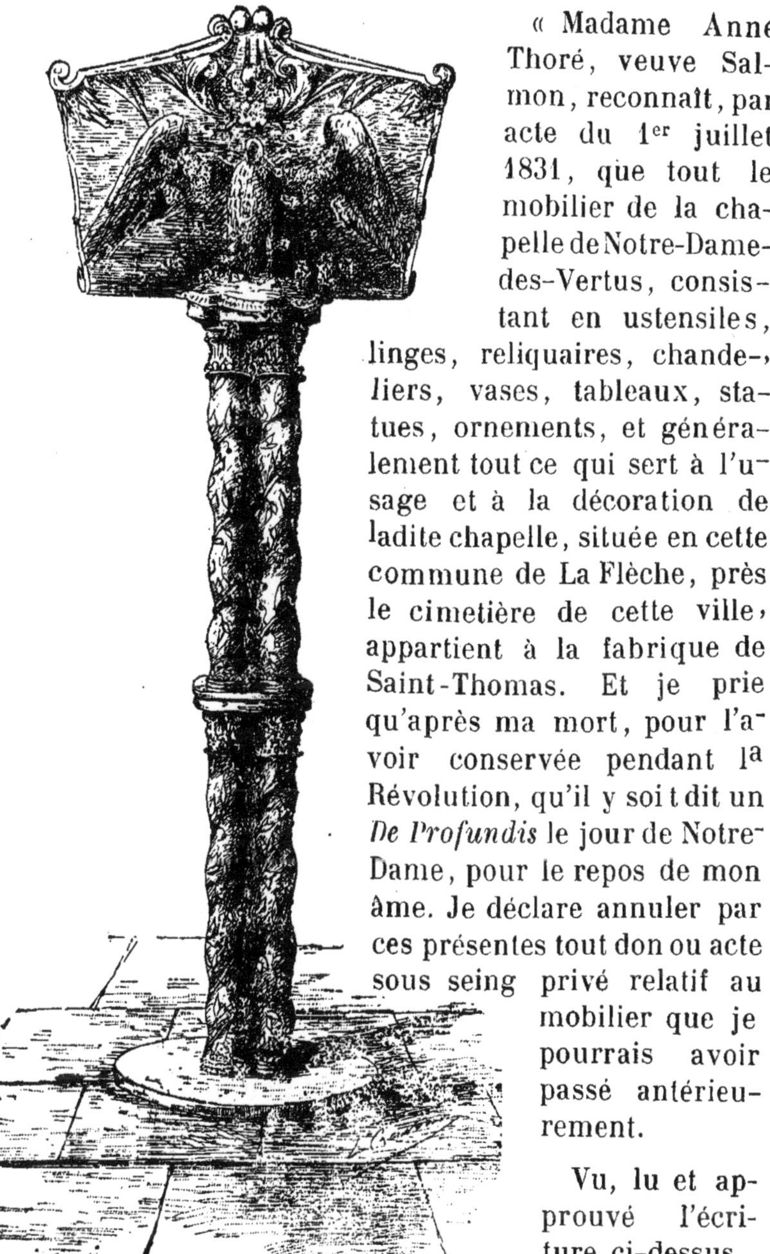

« Madame Anne Thoré, veuve Salmon, reconnaît, par acte du 1er juillet 1831, que tout le mobilier de la chapelle de Notre-Dame-des-Vertus, consistant en ustensiles, linges, reliquaires, chandeliers, vases, tableaux, statues, ornements, et généralement tout ce qui sert à l'usage et à la décoration de ladite chapelle, située en cette commune de La Flèche, près le cimetière de cette ville, appartient à la fabrique de Saint-Thomas. Et je prie qu'après ma mort, pour l'avoir conservée pendant la Révolution, qu'il y soit dit un *De Profundis* le jour de Notre-Dame, pour le repos de mon âme. Je déclare annuler par ces présentes tout don ou acte sous seing privé relatif au mobilier que je pourrais avoir passé antérieurement.

Vu, lu et approuvé l'écriture ci-dessus.

Fe SALMON-THORÉ. »

§ III.

Les Boiseries de Notre-Dame-des-Vertus.

De toute la décoration intérieure de la chapelle, la partie la plus remarquable est, sans contredit, ce qui forme boiserie dans la nef et le sanctuaire.

N'eût été déjà la longueur de ce travail, je me serais arrêté volontiers à l'étude de ces boiseries, vraiment artistiques ; dans la crainte de fatiguer le lecteur, je me contenterai de les lui présenter, en le priant de se reporter à nos illustrations, toutes parfaites d'exactitude et de vérité.

Ces boiseries ont leur histoire. Depuis une cinquantaine d'années seulement, elles ornent notre chapelle. Les archives de la fabrique leur attribuent deux origines différentes. Les plus anciennes, qui portent le véritable cachet de la Renaissance, proviennent du château du Verger. Ce château, l'un des plus beaux du pays angevin, appartenait à la famille de Rohan, dont l'un des membres, dernier propriétaire, préféra détruire et raser de fond en comble la demeure de ses ancêtres, plutôt que de la voir passer en des mains étrangères (1).

Comment la fabrique de Saint-Thomas vint-elle en possession de ces restes du château du Verger ? Nos archives sont muettes à ce sujet, ou elles n'en parlent qu'en 1848 et 1850. A cette époque, la fabrique « céda à la chapelle des Vertus ses droits de propriété sur les boiseries du Verger, à condition qu'elles rentreraient à Saint-Thomas, si on ne les utilisait pas dans la décoration de la chapelle » (2).

M. l'abbé Goumenault n'eut point à les rendre à Saint-Thomas ; il sut, au contraire, en tirer le meil-

(1) Je dois ces renseignements à l'amabilité de M. L. de Farcy, l'historien bien connu de l'Anjou. — Cf. *Dictionnaire de Maine-et-Loire*, par Célestin Port, et *Annales Fléchoises*, II-194.

(2) Annales manuscrites de Saint-Thomas.

FACE INTÉRIEURE DE LA PORTE D'ENTRÉE

COTÉ DE L'ÉPITRE

COTÉ DE L'ÉVANGILE

BOISERIES DU CHOEUR DE NOTRE-DAME-DES-VERTUS

Photographies de M. Bouchereau.

leur parti possible, et, grâce à lui et à son vénéré successeur, M. l'abbé Coulon, cette merveille de sculpture sur bois, contribue pour beaucoup à embellir notre chapelle.

Peut-être pourrait-on ici exprimer un regret? c'est de voir le mélange, parfois exagéré et dénué de goût artistique, de ces belles boiseries Renaissance avec des parties informes des XVIIe et XVIIIe siècles.

Il y a, en effet, d'autres boiseries moins anciennes, dont les plus considérables ne me semblent pas remonter au delà du XVIIe siècle. Elles ont la même provenance que les boiseries qui entourent l'autel de la Communion ou du Sacré-Cœur à Saint-Thomas.

A la Révolution, le mobilier de la chapelle Saint-Louis (collège Royal), et des chapelles des communautés religieuses fléchoises fut vendu. Un ex-procureur de la fabrique de Saint-Thomas racheta une grande partie de ce qui fut vendu à Saint-Louis, et entre autres, deux confessionnaux avec les boiseries qui garnissaient deux chapelles. Il céda le tout à Saint-Thomas, qui tarda longtemps à les employer. Ce qui en restait encore en 1848 et 1850, fut donné, avec les boiseries du Verger, à la chapelle des Vertus.

***

En entrant à Notre-Dame-des-Vertus, personne ne

pense à regarder la porte. Qu'on veuille bien se retourner cependant, et l'on pourra admirer le plus beau morceau de sculpture qui se puisse voir : un homme d'armes, sculpté à plein bois, avec un relief dépassant parfois huit ou dix centimètres, représente un Goliath de grandeur naturelle. Un Fléchois m'a dit avoir vu cette porte à Saint-Thomas : elle était appliquée sur la porte qui, de l'église, conduisait à la sacristie, là où se trouve actuellement la chapelle de saint Joseph.

Du reste, le dessin donné ci-contre est d'une fidélité irréprochable, et, par lui, on pourra facilement juger de la beauté et de l'importance de cette porte (1).

Sous la tribune, à droite et à gauche, ont été placées les boiseries du XVIIIe siècle, dont je parlais plus haut. A les bien considérer, on y trouve les mêmes motifs que dans les boiseries de l'autel de la Communion à Saint-Thomas ; à gauche, dans une magnifique coquille de milieu (2), se lit encore cette date : 1760.

Dans la nef, se voit surtout le fâcheux mélange de toutes les époques ; cependant, à ne regarder que chaque partie prise séparément, on peut constater qu'il y a là de petits chefs-d'œuvre : Et d'abord, des deux côtés, ces médaillons, hommes ou femmes, dont le costume rappelle fort bien l'époque de François Ier ou Henri II ; puis, à gauche, un tableau, usé, il est vrai, par le temps, mais encore bien frappant par la finesse et la précision du travail. Ce tableau de 30 centimètres de hauteur sur 50 de longueur, représente la Cène, Jésus au milieu de ses douze Apôtres ; un dôme avec draperies retombantes, surmonte le tout. A droite, après le panneau du XVIIIe siècle que reproduit parfaitement la gravure

(1) Ce dessin a été fait sur une photographie prise à la lumière artificielle (magnésium)

(2) Cf. La gravure placée en tête de cet article et celle de la p. 35.

de la page 27, on voit un naïf et délicieux groupe de la Sainte Famille.

Avant de pénétrer dans le sanctuaire, admirons dans chaque transept les merveilleux panneaux Renaissance qui font face à la nef; ils ne sont du reste que le commencement de cette série de panneaux qui font du sanctuaire des Vertus un véritable bijou artistique; on ne sait trop sur quoi s'arrêter principalement, car tout ici mérite d'être signalé. C'est la porte de la sacristie (1), avec cette sainte, à la figure si pieuse et si expressive; c'est cette corniche si bien fouillée, qui court des deux côtés au-dessus de la boiserie; c'est, en face de la porte, cet ensemble inouï de médaillons, de têtes d'anges, de décorations de toutes sortes; une tête d'ange surtout est frappante de beauté par la pureté de ses lignes (2).

***

Je m'arrête, car j'ai déjà été entraîné au-delà de mes prévisions. Après avoir jeté un coup d'œil à la chaire, dont les *motifs* ressemblent absolument à ceux qui ornent le chœur de Saint-Thomas, de chaque côté du petit orgue, après avoir examiné les inscrip-

(1) Grâce au talent d'un artiste déjà nommé plus haut, je puis donner la gravure de cette porte, ainsi que celle du panneau qui lui fait face. Je suis heureux de renouveler ici mes affectueux remerciements à M. Bouchereau, auteur de ces magnifiques photographies. Elles ont été obtenues après une pose de dix minutes, terminée par plusieurs éclairs de magnésium.

(2) Cf. page 49.

tions tumulaires, celle de M. l'abbé Goumenault (pièce justificative XV), sur le pavé du sanctuaire, celle de deux bienfaiteurs morts en 1669 et 1674 (pièce justificative XVI), et placée du côté de l'Evangile, à l'entrée du chœur, enfin celles du dehors, sous le porche (pièce justificative XVII), nous quitterons le pieux asile de Notre-Dame-des-Vertus. Nous adresserons auparavant une fervente prière à la sainte Patronne de ces lieux, pour lui demander secours et protection, et nous lui promettrons de garder toujours et de ne jamais cesser de vénérer et d'aimer ce sanctuaire béni, la sauvegarde du pays fléchois.

P. CALENDINI.

PIÈCES JUSTIFICATIVES

PIÈCES JUSTIFICATIVES

I.

Le Bref de Pie VI, accordant une indulgence plénière à Notre-Dame-des-Vertus, était accompagné de cette lettre d'envoi, conservée avec ledit Bref aux archives de Saint-Thomas :

Monsieur,

Voilà le bref que vous avés demandé il est à perpétuité je crois qu'il faudra le présenter à Monseigneur. Il me coûte 56 [l] au lieu de 20 [l] qu'un de 7 ans m'auroit coûté. Je vous envoye la quittance qui vous servira pour vos comptes et s'il vous en faut une de moi je vous l'envoyerai je vous prie de remettre à Mme Dorvau les 56 [l] je me recommande bien à vos prières et vous prie de me croire avec la plus parfaite estime.

Monsieur

Votre très humble
et très obéissant
serviteur
Latour
pbre
Sacristain de St André des Arts
rue du Cimetière.

Le pape se porte
un peu mieux de
son rhumatisme
universel.

Voici la quittance dont il est question ci-dessus :

Je reconnois avoir reçeu de Monsieur l'abbé de La Tour la somme de cinquante six livres pour un bref de confraternité à perpétuité pour la chapelle de Notre Dame des Vertus à La Flèche diocèse d'Angers, dont quittance. Paris 24 mai 1779.

De Cressac.

Enfin, nous reproduisons le Bref avec les différents visas qui l'accompagnent :

Pius P. P. VI. ad perpetuam rei memoriam, ad augendam fidelium religionem, et animarum salutem cœlestibus Eulesiæ thesauris, pia charitate intenti; omnibus et singulis utriusque sexus christi fidelibus vere pœnitentibus, et confessis, ac S. communionem refectis, qui Ecclesiam Seu Cappellam publicam sub titulo B. Mariæ Virginis Vulgo *Des Vertus* nuncupatam sub Parochia S. Thomæ oppidi, seu loci Vulgo *de La Flèche* (nuncupat.) Andegaven. Diœces. *feria tertia intrà octavam Ascensionis* D. N. J. C. a primis vesperis usque ad occasum solis feriæ hujus singulis annis devote visitaverint, et ibi pro christianorum Principum concordia, hœresum extirpatione, ac S. Matris Ecclesiæ exaltatione pias ad Deum preces effuderint, *Plenariam omnium peccatorum Suorum Indulgentiam* et remissionem misericorditer in Domino concedimus. In Contrarium faciendis non obstantibus quibuscumque gentibus perpetuis futuris temporibus valituris. Datum Romæ apud S. Petrum sub Annulo Piscatoris. Die XXIX Aprilis MDCCLXXIX Pontificatus nostri anno quinto.

J. Cardin. De Comitibus.

Au dos de ce Bref, on lit encore :

Eutropius de Cressac, Eques, in supremo Galliarum senatu patronus, Regis Consiliarius, necnon Romanæ Curiæ expeditionarius, Parisiis, in vià vulgo d'Anjou-Dauphine nuncupatà Commorans, Breve retroscriptum Romæ expediri curavi et tradidi.

De Cressac.

Nous soussignés, avocats en Parlement, Conseillers du Roy, expéditionnaires de Cour de Rome et des Légations, demeurant à Paris, certifions le présent Bref sincère, véritable, original, et expédié en lad. Cour de Rome; en foi de quoi nous avons signé à Paris ce vingt un mai mil sept cent soixante dix neuf.

Richer. De Cressac.

Contrôlé à Paris le 21 mai 1779.

Richer.

Puis cette approbation de Mgr de Grasse, évêque d'Angers :

Jacobus de Grasse miseratione divina et sanctæ sedis apostolicæ gratia Episcopus andegavensis, dilectis nobis in Christo fidelibus Flexiæ nostræ diœcesis commorantibus salutem in Domino. Visum per nos et diligenter inspectum ex altera parte indulgentiarum Breve in vestrum favorem concessum. Laudavimus et approbavimus laudamusque et approbamus et permisimus ut suum sortiatur effectum. Datum Andegavi in palatio nostro episcopali sub signo vicarii nostri generalis sigilloque nostro ac secretarii nostri ordinarii chirographo. Anno Domini millesimo septingentesimo octogesimo, die vero mensis aprilis decima quinta.

EMERY, vic. gén.

De Mandato Ill^{mi} ac Reve^{mi}
Domini Episcopi andegavensis.

BOMMOL (?)
Can. sec.

Enfin, Mgr de La Myre, évêque du Mans, ajouta aussi sur ce Bref le visa suivant :

Claudius Magdalena de la Myre, misericordia divina et gratia sanctæ sedis apostolicæ episcopus cenomanensis, præsentes litteras apostolicas reverenter vidimus, laudavimus et ut executioni demandentur per præsentes licentiam impertimur.

Datum Cenomani sub signo vicarii nostri generalis sigilloque nostro nec non subscriptione secretarii nostro Anno Domini 1826 die vero sexta Mensis Augusti.

BOURMAULT, vic. gén.

De Mandato. DUBOIS, sec. adj.

II

GÉNÉALOGIE DE LA FAMILLE COQUINY-DESPRÉS

Françoise-Anne LE ROY GUITTONNIÈRE,
Veuve, en 1791, de Denis COQUINY-DESPRÉS,
MOURUT EN 1800.
Elle avait acheté la chapelle et le petit cimetière des Vertus.

- **Louise-Julie Coquiny-Després**
  Morte sans enfants, à La Flèche, le 25 pluviose an XI (14 février 1803).
- **Marie-Ursule C.-D.**
  Morte sans enfants, à La Flèche, en février 1825.
- **Marie-Sophie C.-D.**
  Ep. *Charles-Julien Fanneau de la Horie*, d'avec lequel elle divorce ensuite.
  Mme de la Horie a légué à la fabrique de Saint-Thomas son quart indivis par testament du 26 juin 1828.
- **Joseph-Eléonor-Paul C.-D.**
  Instituteur à La Flèche, mort en 1819, épouse *N...*
  - **Louise-Marie C.-D.**
    Ep. *Hippolyte Coignard*, propriétaire à Durtal.
    - **Clarisse Coignard**
      Ep. *Félix Frin de St-Germain*, propriétaire à La Flèche.
    - **Louise-Marie C.**
      Ep. *Victor-Charles-Marie Tual*, propriétaire à Durtal.
    - **Hélène C.**
      Ep. *Henri Robineau*, demeurant à Angers.

    Ces trois dames ont vendu leur quart indivis, le 3 novembre 1851, à M. Ambroise-Nicolas Goumenault-Desplantes, archiprêtre de St-Thomas, qui, le 16 juillet 1852, le donna, par acte entre vifs, à la fabrique de St-Thomas.
- **Mélanie-Anne-Marie C.-D.**
  Ep. *Isaac-René Gaudichon*, est morte à Rivière, près Chinon, le 26 décembre 1833.
  - **Mélanie Gaudichon**
    Ep. *François-Myrtil Ragonneau*, propriétaire à Richelieu.
  - **Isaac-Martin-Denis G.**
    Propriétaire à Vaugandry, Chinon.

  Ceux-ci ont vendu leur quart indivis à M. Etienne Bodin, le 18 février 1835, et, le 2 mars 1835, M. Bodin en fit donation à la fabrique.
- **Françoise-Jeanne-Jacquine C.-D.**
  Ep. *Louis-Jean-Baptiste Huguet*
  - **Louis-Marie-Denis Huguet**
    Ep. *Françoise Mouret*, demeura à Marseille, rue des Pucelles, et mourut à Nantes, le 21 janvier 1818.
    - **Hippolyte-Louis-François Huguet**
      Propriétaire à Paris, 16, rue du Faubourg-du-Temple.

      Celui-ci, par acte entre vifs, du 3 février 1831, a donné son huitième indivis à la fabrique de Saint-Thomas.
  - **Victor-François-Marie Huguet**
    Négociant à New-York
    Ep. : 1° *N...*, 2° *Anne-Sophie Lebreton*, remariée à M. Robert, dont :
    - **Mme Costard**
    - **Victor Huguet**
      mort célibataire.
    - **N. Robert**

    Une lettre de M. N. Robert, du 17 mars 1855, annonce que sa femme et Mme Costard donnent leur 1/8e indivis à la fabrique.

III.

17 Floréal an III (6 mai 1795). Bail s. s. p.

Par Mme Françoise Anne Le Roy, veuve Denis Coquiny Després à M. Paul Salmon négociant, tous deux demt à La Flèche, pour 3, 6 ou 9 années avec droit de passer sur le terrain qui est devant la porte d'entrée sur la largeur de 6 pieds à partir du mur :

D'un corps de bâtiment, appelé ci-devant la *Chapelle de Notre-Dame des Vertus*, située commune de La Flèche, que Mme Coquiny-Després a acquise au District.

A la charge de la part des soussignés de se prévenir trois mois avant de quitter ou de reprendre ladite chapelle et ce devant deux témoins pour éviter toutes contestations. — Et à la charge seulement des preneurs de faire faire les réparations et réfections et de laisser à la fin de la jouissance, les croisées telles qu'elles sont (la Bailleresse se réservant le droit de condamner la porte qui donne sur les dépendances de la ferme dite du Prieuré et d'abattre la petite Tour, déclarant d'ailleurs (la bailleresse) *n'exiger aucun loyer.* — Et comme il y a deux armoires à 4 battants l'une et 4 serrures et clefs, et l'autre un battant et une serrure l'une à droite et l'autre à gauche, (la bailleresse) se réserve de la faire enlever. Plus deux autres battants à une armoire à côté de la grande, l'une sur l'autre ou estimer à sa volonté (ces dites armoires appartenant à la Baillerese).

Le surplus des autres objets étant actuellement dans ledt bâtiment n'étant pas à elle, le citoyen Salmon pourra en disposer ainsi que bon lui semblera de même que des autres objets qu'il pourra y mettre.

Le citoyen Salmon a accepté ces clauses et conditions.

Ce bail a été signé :

A. Le Roy Ve Denis Coquiny Després.
B. Salmon. — Salmon. — Thoré.

IV.

A la fin de la pièce justificative I, on a lu le visa donné par Mgr de la Myre au Bref de Pie VI. Le 7 août 1826, l'évêque du Mans envoyait aussi cette lettre conservée aux archives de Saint-Thomas :

Claude Magdelaine DE LA MYRE
Par la Miséricorde de Dieu et la grâce du
St Siège Apostolique, ÉVÊQUE DU MANS.

Vu l'exposé fait à nous par M. Pierre Delaroche, curé de La Flèche et chanoine honoraire de notre cathédrale; voulant favoriser la piété de ses paroissiens et féconder son zèle; pour donner encore plus d'éclat au culte rendu à la Très Sainte Vierge, dans la chapelle qui lui est dédiée, sous le titre de NOTRE DAME DES VERTUS, nous avons permis et nous permettons que la fête en soit célébrée avec solennité le mardi dans l'octave de l'Ascension. Le Saint-Sacrement y sera exposé tout le jour; on s'y rendra processionnellement pour la messe et pour le salut, qui pourra y être répété chaque jour pendant l'octave.

Nous accordons une indulgence de quarante jours à tous ceux qui communieront dans ladite chapelle et chaque fois qu'ils y communieront pendant l'octave, pourvu qu'ils prient pour l'Eglise, pour nous, et qu'ils récitent à cette intention cinq *Pater* et cinq *Ave*.

Donné au Mans, sous le sceau de nos armes, le seing d'un de nos vicaires généraux et le contre-seing de notre secrétaire, le sept août mil huit cent vingt six, et de notre épiscopat l'année septième.

BOUVIER
vic. gén.
De Mandato
DUBOIS
Can. sec. adj.

V.

Notre-Dame-des-Vertus

(CANTIQUE)

A M. l'abbé R. Nouël.

Quelle est cette Vierge si pure
Qui du Très-Haut charme les yeux ?
Rien n'égale dans la nature
L'éclat de son front radieux.
Je vois resplendir sa couronne
D'une éblouissante beauté ;
Comme un manteau la gloire l'environne
Et remplit tout de sa vive clarté.

C'est Marie
Que l'âme ravie
Nomme la Reine des Vertus.
C'est Marie
Que la cité prie
Pour ses enfants qui ne sont plus.

Ce lieu saint est la forteresse
Par qui nos murs sont protégés ;
C'est le port de l'âme en détresse
Et des pauvres cœurs naufragés,
Puisque c'est là que règne celle
Dont le nom seul sèche les pleurs :
Ce nom si doux, cher à l'âme fidèle,
Repos des saints, refuge des pécheurs,

Car près de la pieuse enceinte,
Sous les gazons de fleurs semés,
Reposent dans la terre sainte
Tous nos pauvres morts bien-aimés.
Amis, que nul bruit ne réveille,
Pour qui le temps n'a plus de cours,
Dormez, dormez !... sur vous la Vierge veille
Et veillera jusqu'au dernier des jours...

VI.

Mon cœur, réjouis-toi...

CANTIQUE DES PREMIERS COMMUNIANTS

Mon cœur, réjouis-toi : c'est la sainte neuvaine,
Ce sont les jours bénis qui précèdent le jour
Où, voilant sous le pain sa grandeur souveraine,
Va se donner à toi Jésus, le Dieu d'amour ;

A sa table divine
Je vais bientôt m'asseoir ;
Ah ! mon front s'illumine
D'un doux rayon d'espoir.

Vierge pleine de grâce,
O Reine des Vertus !
Préparez une place
Dans mon cœur à Jésus !..

Mon cœur, réjouis-toi ! Celui que tu désires
Avec toute l'ardeur d'un cher et saint espoir,
Divin absent pour qui nuit et jour tu soupires,
Pour la première fois tu vas le recevoir.

A son banquet de vie
Il t'appelle... ô bonheur !
Mon enfance ravie
Vous attend, ô Seigneur !

Vierge pleine de grâce,
O Reine des Vertus !
Préparez une place
Dans mon cœur à Jésus !..

Réjouis-toi, mon cœur ! ah ! quelle autre espérance
Te fera palpiter jamais d'un tel émoi ?
Jésus approche... il vient... c'est le Dieu de l'enfance :
« Laissez-les, laissez-les, dit-il, venir à moi. »

Ah ! me voilà, Bon Maître ;
Vous m'appelez... j'accours,
Et je viens vous promettre
De vous aimer toujours.

Vierge pleine de grâce,
O Reine des Vertus,
Préparez une place
Dans mon cœur à Jésus !..

VII.

La Chapelle de Nôtre-Dame-des-Vertus

A M. l'Archiprêtre de Saint-Thomas, Emile Rousseau.

I

Au fond du cimetière où tout se tait et dort,
Où — les matins d'été — l'on n'entend que l'accord
De l'oiseau qui s'éveille et chante,
Entre les arbres verts, parmi l'herbe et les fleurs,
S'élève un temple saint, refuge des douleurs,
Et cher à toute âme souffrante.

C'est là que, dans les jours de chagrin et de deuil,
Après avoir pleuré, courbé sur un cercueil,
On va pour répandre son âme
Dans le cœur de la femme à qui tout ici-bas
— Vierge martyre ! — fut amertume et combats,
Et qu'on appelle Notre Dame.

C'est un vieux monument ; sur ses flancs lézardés
Grimpe le lierre, ami de nos murs dégradés,
Le lierre, manteau des ruines ;
Et — taillée avec soin — une haie à l'entour,
Lorsqu'Avril du Printemps vient fêter le retour,
Met sa couronne d'aubépines.

Comme à ces temples grecs, charmants sous le ciel bleu,
Un portique conduit aux portes du saint lieu,
Un vieux portique au toit de mousse,
Et les oiseaux joyeux viennent tout à l'entour
Apporter en tribut au Printemps de retour
Les concerts de leur voix si douce.

Puis voici le clocher que le temps a bruni ;
Sous l'œil de Dieu l'oiselle y vient faire son nid,
Et ses petits qu'elle aime et choie,
Dans leur demeure frêle aux moelleux tissus,
Unissent, chaque soir, aux sons de l'Angelus
Leurs cris faibles, mais pleins de joie...

J'aime en automne aller m'agenouiller rêveur
Sur les degrés de marbre. Ah! c'est qu'au fond du chœur
Est votre statue, ô Marie !
Et que je crois, parmi mes saints épanchements,
Entendre quelquefois les maternels accents
De votre voix pure et chérie ;

C'est qu'un pâle reflet qui se joue aux vitraux,
Ou qui dore la pierre austère des tombeaux,
Emplit mon cœur de rêverie;
Que ma prière alors jusque sur votre autel
S'en va, comme un parfum remontant vers le Ciel,
Imprégner vos pieds, ô Marie!...

. . . .

II

Mais cet asile encor vient à mon souvenir
Rappeler des instants que le froid avenir
Ne peut plus me donner, ô Vierge!...
Quand venait votre mois, le plus doux du printemps,
Nos mères chaque jour nous amenaient, enfants,
A votre autel brûler un cierge.

Afin que vous fissiez dans nos cœurs froids encor
Naître la piété, ce précieux trésor,
Et qu'ils devinssent comme un temple,
Comme un beau vase d'or trois fois purifié,
Tout prêt à recevoir le Dieu crucifié,
Le Christ que l'univers contemple.

O première union avec le Dieu d'amour,
Instants trop vite enfuis, pur et radieux jour
De notre aube trop tôt ravie,
Combien de fois — le front dans la main et rêveurs —
Nous retournons vers toi nos yeux brûlés de pleurs,
O le plus beau jour de la vie!...

. . . .

III

Et lorsque du chemin, le matin souriant,
Parmi les arbres verts je vois le fronton blanc
Et le vieux toit couvert de mousse,
Que j'aperçois l'oiseau s'envolant vers son nid,
J'éprouve encore, ô Vierge ! un bonheur infini,
Une joie intime et bien douce...

Mais quand — le front ridé par plus d'un noir souci —
Homme fait maintenant, je viens encore ici
Prier à votre sanctuaire,
Ah ! c'est toujours le cœur douloureux et navré !
Car de ce seuil béni qui vous est consacré
Je vois la tombe de mon père !. .

VIII.

La Chapelle de Notre-Dame-des-Vertus

Dans un champêtre enclos, voisin du cimetière,
Se cache une chapelle, abri de la prière,
Où la vierge des cieux, la reine des vertus,
Tend sa main secourable aux chrétiens abattus.

De ce pieux séjour que la grâce est touchante !
Voyez, sur le clocher le petit oiseau chante ;
L'hôte que le ciel donne à tous ceux qu'il bénit,
L'hirondelle, suspend aux fenêtres son nid ;
Sur le toit, revêtu d'une couche de mousse,
Par le vent apporté, le grain se sème et pousse ;
Enfin, pour encadrer ce tableau gracieux,
Dont le charme doit tout à la bonté des cieux,

Un arbre vert suspend sa rustique couronne
Sur le front du lieu saint que son ombre environne,
Tandis que, sous ses pieds, l'herbe aux fraîches couleurs
Etend un fin tapis, tout émaillé de fleurs...
J'aime ce cher asile !... à mon cœur il rappelle
Des souvenirs charmants ; cette pauvre chapelle
Avait pour moi jadis un aspect merveilleux,
Et rien ne fut plus tard aussi doux à mes yeux.

C'est là que, tout enfant, on m'apportait naguère ;
C'est là qu'on m'apprenait à faire une prière,
A joindre les deux mains, à plier les genoux,
A bégayer tout bas ces mots : priez pour nous !...
Là, le moindre cantique enchantait mes oreilles ;
Tout ce que j'y voyais me semblait des merveilles !...
J'aimais, le jeudi saint, son gracieux autel,
Au mois de mai sa vierge, et sa crèche à Noël.

Ah ! comme j'admirais surtout sa bergerie !
Que je la trouvais belle, et brillante, et fleurie !
Je me souviens encor de ses petits moutons,
Si blancs, si bien vêtus de moëlleux cotons,
De ses arbres *frisés* avec leurs *bleus* feuillages,
De son étoile d'or et de ses trois rois mages,
De ses beaux chérubins et de ses paysans
Qui venaient à Jésus apporter leurs présents...

Je vois encor Joseph avec sa tête grise,
Et la vierge Marie à ses côtés assise,
Et le petit enfant couché dans son berceau :
Avec son auréole, oh ! qu'il me semblait beau !
Je n'aurais pas alors donné pour un empire
Cette humble crèche avec ses images de cire !
Comme j'étais heureux quand venait le jour
Où l'on me conduisait en ce pieux séjour !

Puis, au retour, j'allais pendant toute la route,
Rêvant à ces tableaux qu'on a peints sur la voûte,
Et cherchant à trouver le sens mystérieux
De tous les mots latins que l'on voit en ces lieux !
J'ai toujours conservé la douce souvenance
De ces impressions si vives de l'enfance ;
Et maintenant encor mon cœur bat doucement
Quand mon œil recueilli voit l'humble monument.

Aussi, lorsque je passe en la route voisine,
Je suspends mon chemin, et, pieux, je m'incline
Pour saluer l'église avec son toit poudreux,
Et le clocher perdu sous le feuillage ombreux.

La Flèche, le 25 juin 1857.

IX

Cantique à Notre-Dame-des-Vertus

Paroles de M. l'abbé X..., vicaire à Saint-Thomas. — Musique de M. l'abbé F. Moreau.

Tous réunis dans ce doux sanctuaire,
Chrétiens chantons la Reine des Vertus !
Faisons monter nos ferventes prières,
Vers son autel, nous serons entendus !

On nous apprit, dès notre tendre enfance,
A vous aimer, ô Reine des Vertus,
Aussi vers vous, le cœur plein d'espérance,
Nous sommes tous en ce jour accourus.

Jetez sur nous des regards de tendresse!
A vos enfants, ô Reine des Vertus!
Daignez donner cet esprit de sagesse
Qui vous guida au séjour des élus.

Apprenez-nous à garder l'innocence
En vous suivant, ô Reine des Vertus,
Dans l'humble voie que le Dieu de prudence
Choisit pour vous et pour son fils Jésus!

Soyez pour nous la plus tendre des mères,
Guidez nos pas, ô Reine des Vertus!
Toujours partout, écoutez nos prières,
Gardez nos cœurs, ils garderont Jésus!

Si le péché vient à souiller notre âme,
Inspirez-nous, ô Reine des Vertus,
Le repentir qu'un Dieu juste réclame
Lorsque ses droits ont été méconnus!

Quand sonnera pour nous la dernière heure,
Nous vous prions, ô Reine des Vertus,
De visiter notre triste demeure,
En nous montrant la joie pure des élus!

Après la mort, quand viendra notre juge,
Vous serez là, ô Reine des Vertus!
Oui vous serez notre dernier refuge
Et calmerez le courroux de Jésus!

Nous entrerons par vous dans la Patrie,
Et pour toujours, ô Reine des Vertus,
Avec les Saints, dans le séjour de vie,
Remplis de joie, nous chanterons Jésus!

X.

Cantique à Notre-Dame-des-Vertus

Paroles et musique de M. l'abbé Rocher, vicaire à Saint-Thomas.

O Notre-Dame-des-Vertus,
O Sainte Mère de Jésus,
Vous êtes des Fléchois, la gloire et l'espérance;
Tous ont pour vous aimer, les ardeurs de l'enfance!
Nos mères vous donnaient à garder nos berceaux;
Mais il faudra mourir, veillez sur nos tombeaux!

Je me souviens qu'un jour à la divine table,
Enfant je palpitais et de crainte et d'espoir;
Convive du bon Dieu, moi déjà si coupable,
Au festin paternel vous me fîtes asseoir!

Depuis lors mon amour, comme l'astre des mages,
Vers l'auguste chapelle a ramené mes pas,
Et n'aurais-je apporté que de faibles hommages,
Mère, avec votre Fils, vous me tendiez les bras !

Montrez à tous les yeux que ce terrain est vôtre,
Sous vos pieds répandez les parfums et les fleurs,
Donnez au prêtre saint les élans de l'apôtre,
Au juste des transports, au pénitent des pleurs !

Du purgatoire affreux que la flamme apaisée
Rende l'âme souffrante aux fraîcheurs du repos !
Qu'au dernier jour enfin votre douce rosée
Ici fasse germer et refleurir nos os !

XI.

Cantique à Notre-Dame-des-Vertus

Vive la Reine des Vertus !
Vive la Mère de Jésus !

Vive la Reine des Vertus,
Qu'en ce saint lieu chacun révère ;
Vive la Mère de Jésus
En qui chacun de nous espère !

Vive la Reine des Vertus,
Le plus accompli des modèles :
Imitons-la de plus en plus
Et lui soyons toujours fidèles,

Vive la Reine des Vertus,
Qui fut toujours belle et très pure ;
Fuyons tous désirs corrompus,
Nous serons exempts de souillure.

Vive la Reine des Vertus,
Dont la foi fut toujours bien vive ;
Croyons ce qui doit être cru
Et que notre foi soit active.

Vive la Reine des Vertus,
Dont l'espérance fut si ferme
Espérons au Ciel notre but
Et travaillons pour ce beau terme.

Vive la Reine des Vertus,
Dont la charité fut ardente ;
Aimons et nous serons élus
Pour goûter une paix constante.

Vive la Reine des Vertus,
Qui fut toujours humble et soumise ;
A Dieu seul tout honneur est dû,
Que ce soit là notre devise.

Vive la Reine des Vertus,
Notre espoir en toutes nos peines ;
De son secours étant pourvus
La victoire est toujours certaine.

XII.

Lettre de M. le chanoine-archiprêtre de Saint-Thomas à Mgr d'Outremont, évêque du Mans :

Monseigneur,

A l'ouest de la ville de La Flèche, près le cimetière, existe une chapelle en l'honneur de la Sainte Vierge, invoquée sous le titre de Notre-Dame-des-Vertus. Cette chapelle est très vénérée des Fléchois, qui y vont souvent prier, et viennent tous rendre leurs hommages à la *Reine des Vertus, à la Mère de Jésus*, pendant la neuvaine, qui commence le mardi après l'Ascension.

M. Goumenault-Desplantes, mon prédécesseur, ne se donna pas de repos qu'il n'eût racheté ou reçu en pur don cette vénérable chapelle appartenant à plusieurs, ainsi que la petite ferme qui l'entoure. La chapelle avec son parvis est classée comme chapelle de secours. La jouissance de la ferme appartient aux curés successifs de Saint-Thomas, moyennant des charges égales aux produits. Mais elle procure l'avantage de garder les entours de la chapelle.

Cette chapelle qui porte le caractère roman remonte au IXe siècle; je commençai à la restaurer à mon arrivée en cette paroisse et je suis en voie d'achever l'œuvre reprise depuis deux ans.

Je serai heureux, Monseigneur, de vous recevoir dans cette chapelle chère à tout le pays de La Flèche. N. N. S. S les évêques du Mans étant appelés à La Flèche pour le Sacrement de Confirmation, à l'époque de la neuvaine, s'unissent à nous pour prier Notre-Dame, notre Reine, notre Mère. J'eus la joie d'y recevoir solennellement Mgr Fillion, nouvellement sacré évêque de Saint-Claude.

Mais il est une autre question dont je dois vous entretenir, Monseigneur. Les bâtiments de la petite ferme de Notre-Dame-des-Vertus étaient dans le plus triste état. C'eût été à la fabrique de les réparer, puisque sur 170 fr. de loyer, la fabrique reçoit 100 fr. pour aider à avoir de temps en temps un prédicateur de carême ou de mois de Marie. Mais les réparations eussent coûté de nombreuses annuités de revenus. J'ai voulu payer mon tribut à Notre-Dame-des-Vertus, en construisant l'habitation du fermier, et les servitudes à distance moins rapprochée de la chapelle. J'ai élevé, à la place des anciens bâtiments, une petite communauté où sont entrées, le premier du mois de Saint Joseph, quelques personnes pieuses, qui attendent de votre Grandeur les règlements qui les constitueront en famille religieuse.

Mgr Fillion connaissait mes projets et les avait approuvés affectueusement. Ces dames mettent en commun ce qu'elles possèdent, se proposent de.................................
Priant Notre-Dame-des-Vertus..............................
en même temps que la chapelle, pratiquant la dévotion à la Compassion de la Très Sainte Vierge, autant d'intentions qui rentrent dans l'œuvre de la Réparation, à laquelle étaient affiliées deux de ces dames avant qu'elles ne vinssent de ....à La Flèche, lieu de leur naissance.

Cette petite communauté serait pour huit ou dix religieuses. Les cellules sont en rapport avec le nombre. Un dortoir est préparé pour recevoir une dizaine de petites orphelines selon les besoins pressants de ma paroisse. Afin que les exercices religieux de ces dames ne gênent pas la fréquentation pieuse de la chapelle, j'y ai annexé, tout en conservant son style, une chapelle latérale, qui, dans quelques mois, sera reproduite du côté nord.

Si vos occupations, pendant ces jours, vous permettaient, Monseigneur, de visiter notre cimetière, je vous prierais de vouloir bien faire un pas de plus pour entrer à Notre-Dame-des-Vertus, et bénir la maison religieuse. Dieu a permis qu'elle se trouvât achevée au moment que votre Grandeur a choisi pour faire son entrée à La Flèche.

Comme vous le remarquerez, Monseigneur, j'ai bâti sur un terrain dont je ne suis qu'usufruitier. J'ai dépensé près de 4.000 fr. : 1° Je n'ai pas nui aux usufruitiers futurs, puisque la ferme est relouée au même prix, ce fermier n'ayant pas perdu de terrain ; 2° J'ai ajouté à l'usufruit 50 fr. de rente d'un petit champ que j'ai acheté et rattaché à la ferme ; 3° L'usufruit reste libre pour bien longtemps de réparations ; 4° Je lègue à mes successeurs une œuvre qui sera à eux ; 5° J'ai agi dans le sens de mon prédécesseur, qui n'avait pas eu l'intention de procurer des bénéfices aux curés de Saint-Thomas, mais leur faire la faveur d'être les gardiens de la chapelle, qui ne peut être mieux entourée que par une petite communauté.

XIII.

Note de M. Coulon :

Montant des mémoires payés par moi pour Notre-Dame-des-Vertus :

1° Grande chapelle et nouvelle chapelle, Nord.	5.088 fr. 34
2° Chapelle nouvelle, Midi....................	2.584 10
3° Bâtiments du fermier......................	3.064 61
4° Maison des religieuses.....................	13.111 64
	23.848 fr. 69

Et il y a d'autres dépenses faites et payées et non notées ; de plus, environ 1.400 fr. pour le champ attaché à la closerie, de plus, les premiers travaux faits, il y a 18 ans, à la chapelle et payés entièrement par moi.

Toutefois, M. l'abbé Rocher, ancien curé de Chevillé, y est pour environ 1.000 fr.

Mlle Pallu pour 1.000 fr. que M. Raymond, son fils, m'a donnés et que j'ai employés à recouvrir à neuf toute la chapelle, sachant que Mme Pallu avait à cœur que le lambris fût repeint; ce que j'ai fait et ce qui est protégé par une toiture neuve.

(Archives de la fabrique.)

XIV.

INSCRIPTIONS LATINES DU LAMBRIS

—

Turris Davidica.
Ignis indeficiens.
Corona sanctorum omnium.
Currus gloriæ Dei.
Pelagus gratiarum.
Corona virginum.
Fax inextinguibilis.
Arcus fœderis Domini.
Flos e spinis sine spina.
Fastigium Virginum.
Hortus Conclusus.

Turris eburnea.
Mater Christi.
Cœlum mystici Solis.
Turris auxilii.
Stella Stellarum.
Vena Misericordiæ,
Lilium sine Macula.
Domus omnium Virtutum.
Salvatrix hominum.
Speculum majestatis Dei.
Sanctuarium Dei.

Lucerna ecclesiæ.
Sigillum Castitatis.
Signifera Virginitatis.
Refugium peccatorum.
Clipeus pugnantium.
Spes desperantium.
Portus naufragorum.
Fons beatitudinis nostræ.

Janua Cœli.
Columna mundi.
Thronus gratiæ.
Lignum Vitæ.
Arca Noë.
Turris Davidica,

Mater solis parens parentis.
Lumen jacentium in tenebris.
Terror dœmonum.
Tabernaculum altissimum.
Puteus aquarum viventium.
Salus infirmorum.
Civitas refugii.
Vitis abundans.

Scala Paradisi.
Pulchra ut luna.
Cypressus in monte Sion.
Rubus incombustus.
Aurora consurgens.
Lilium.....

XV.

Inscription du tombeau de M. l'abbé Goumenault dans le chœur de Notre-Dame-des-Vertus :

D. O. M.

✝

HIC JACET

Venerabilis et Discretus

D. AMBROSIUS NICOLAUS

GOUMENAULT-DESPLANTES

Presbyter, Ecclesiæ Cenomanensis Canonicus
ad honores. Parochus et archipresbyter,
Vir pietate, a doctrina, morum amenitate
et integritate, prudentia, erga pauperes
misericordia, in negotiis tractandis solertia
insignis. Parochianorum suorum Amantissimus
Pater, omnium votis et amori ereptus, admodum
flebilis obiit die XXIX Novembris Anno
MDCCCLVI ætatis suæ LVII

—

Dilectus Deo et hominibus cujus
Memoria in benedictione est

ECCL.

XVI.

Inscription placée du côté de l'Evangile, à l'entrée du chœur de Notre-Dame-des-Vertus :

CY DEVANT GISENT LES
CORPS DE DÉFUNT RENÉ
FOUCHÉ VIVANT MARCHAND
MUNIER AGÉ DE 44 ANS LEQUEL EST
DÉCÉDÉ LE JOUR DE St ANDRÉ EN L'AN
1669, ET DE MARIE GILLOT SON
ÉPOUSE AGÉE DE 49 ANS QUI
DÉCÉDA LE MESME JOUR EN
L'AN 1674.

XVII.

En dehors de la chapelle sur deux dalles scellées au mur, se lisent :

HIC
QVIESCIT
BEATAM.SPEM.EXPECTANS
COR
PAVLINAE.DE.SORBIER
29 MARTII. 1817 DEFVNCTAE

ORATE.PRO.EA

QVI.SAPIENS.EST.CORDE.
APPELLABITVR.PRVDENS
(Prov. Sal.)

VXORI CARISSIMAE
FR.DE.SORBIER.LVGENS
DDD
ANNO 1824

LICENTIA DATA. 19 S[bris]
1824
A REV[mo] EPISCOPO
CENOMANENSI

LE. 16 FÉVRIER
1779. A ETE
INHVMEE.DANS.LE
VESTIBVLE DE NOTRE
DAME DES VERTUS DE
CETTE VILLE DE LOVISE
MARGVERITE CHARLOTTE
GIROVST DÉCÉDÉE LE 13
AGEE DE 83 ANS, VVE DE
MESSIRE FRANÇOIS
CHARLES DVPONT
D'AVBEROYE CHEVALIER
SEIGNEUR DE LA
ROVSSIERE, DU MENNE
LAVERRERIE, LE RUISSEAU
AVBERDIERE ET AVTRES
LIEVX, OFFICIER DE
DRAGONS PRIEZ DIEV
POVR LE REPOS
DE SON AME.

TABLE DES MATIÈRES

Introduction 1

CHAPITRE I

Antiquité de la chapelle de Notre-Dame-des-Vertus sous le Vocable de Saint-Barthélemy.

§ I. *Saint-Barthélemy et l'époque Gallo-Romaine.* 6

§ II. *Origine Romane de Saint-Barthélemy. Son Portail* 8

§ III *Saint-Barthélemy église paroissiale (1368-1405). Etablissement du Cimetière (1480). Saint-Barthélemy dépend du prieuré de Saint-Thomas (1507)* 10

§ IV. *Etat de la Chapelle Saint-Barthélemy en 1644* 12

CHAPITRE II

Notre-Dame-des-Vertus jusqu'à la Révolution.

§ I. *Dévotion des Fléchois envers Marie* 15

§ II. *Les jésuites du Collège Royal et le culte de la Sainte-Vierge. Notre-Dame de Montaigu* .. 18

§ III. *Les Jésuites placent à Saint-Barthélemy la statue de Notre-Dame des Vertus. — L'écolier Guillaume Ruffin en 1674* 20

§ IV. *Origine du Vocable de Notre-Dame-des-Vertus. — Sanctuaires similaires* 22

§ V. *Notre-Dame-des-Vertus au XVIIIe siècle. — Chapelle de secours de Saint-Thomas. — Différents exercices du culte. — Départ des Jésuites en 1763. — Les trois statues de Notre-Dame-des-Vertus. — Reconnaissance officielle du Culte* 26

CHAPITRE III

Notre-Dame-des Vertus pendant la Révolution

§ I *Vente du domaine des Vertus. Enchères des 7 et 16 mars 1791. Famille Coquiny-Desprès. — Bel exemple de foi chrétienne de Anne-Françoise Le Roy Guittonnière, veuve Coquiny-Desprès* 32

§ II. *Vente de la chapelle (17 juin-2 juillet 1794) Elle demeure affectée au culte* 35

CHAPITRE IV

Notre-Dame-des-Vertus pendant la première moitié du XIXe siècle.

§ I. *Mort de Madame Coquiny-Desprès. — Partage entre ses six enfants. — Les curés de Saint-Thomas et Notre-Dame-des-Vertus. — Retours successifs à la fabrique de Saint-Thomas de différents lots indivis de la chapelle* 39

§ II. *Rétablissement du culte à Notre-Dame-des-Vertus. — Reconnaissance officielle par les autorités civile et religieuse* 44

CHAPITRE V

Notre-Dame-des-Vertus pendant la seconde moitié du XIXe siècle. jusqu'à nos jours.

§ I. *Le pèlerinage. — La neuvaine* 48

§ II. *Les œuvres de Notre-Dame-des-Vertus* 59

CHAPITRE VI

Description de la Chapelle actuelle.

§ I. *Le lambris. — Les Vitraux. — Les chapelles.* 66

§ II. *La cloche de Notre-Dame-des-Vertus. — Le clocheton. — Le mobilier* 71

§ III. *Les boiseries* 74

PIÈCES JUSTIFICATIVES. 78

L'Imprimeur

Eug. Bernard

www.ingramcontent.com/pod-product-compliance
Ingram Content Group UK Ltd.
Pitfield, Milton Keynes, MK11 3LW, UK
UKHW021547260726
13993UKWH00002B/689